U0805270

中国孟子研究院国学研究文库

殷延禄 著

孟子的药方

MENGZI DE YAOFANG

齊魯書社

图书在版编目（CIP）数据

孟子的药方 / 殷延禄著. -- 济南：齐鲁书社，2020.9

ISBN 978-7-5333-4355-2

Ⅰ. ①孟… Ⅱ. ①殷… Ⅲ. ①儒家②《孟子》-通俗读物 Ⅳ. ①B222.5-49

中国版本图书馆 CIP 数据核字(2020)第173806号

责任编辑 向 群
装帧设计 赵萌萌

孟子的药方
MENGZI DE YAOFANG
殷延禄 著

主管单位 山东出版传媒股份有限公司
出版发行 齊魯書社
社　　址 济南市英雄山路189号
邮　　编 250002
网　　址 www.qlss.com.cn
电子邮箱 qilupress@126.com
营销中心 （0531）82098521 82098519
印　　刷 山东临沂新华印刷物流集团有限责任公司
开　　本 787mm×1092mm 1/32
印　　张 10.5
插　　页 1
字　　数 177千
版　　次 2020年9月第1版
印　　次 2020年9月第1次印刷
印　　数 1—2000
标准书号 ISBN 978-7-5333-4355-2
定　　价 **39.00元**

孟子与药的伦理政治关怀

——殷延禄《孟子的药方》序

杨海文

面对文字平实、哲理亲切的《孟子的药方》，我想着重从伦理政治关怀的角度，谈谈孟子与药这一隐喻给予人们的思想启迪。

泡在《孟子》中的时间长了，有些细节就会自动浮现。譬如，《孟子》5·1的开头说“孟子道性善，言必称尧舜”，结尾说道：“《书》曰：‘若药不瞑眩，厥疾不瘳。’”《孟子》全书只用过一次“药”字，它就出现在这里。孟子引《书》，出自《尚书·商书·说命上》：“若药弗瞑眩，厥疾弗瘳。”今本《尚书》也仅有一个“药”字，而且居然就被孟子引用了。这是无独有偶，还是别有深意？

我猜测孟子基于《尚书》发展而来的这一药喻，曾经让梁启超（1873—1929）灵机一动，做出了“《论语》如饭”“《孟子》如药”的精彩论断。先看《要籍解题及其读法·读〈孟子〉法》的论述：

为修养受用起见，《论语》如饭，最宜滋养；《孟子》如药，最宜祓除及兴奋。读《孟子》，第一，宜观其砥砺廉隅，崇尚名节，进退辞受取与之间竣立防闲，如此然后可以自守而不至堕落。第二，宜观其气象博大，独往独来，光明俊伟，绝无藏闪。能常常诵习体会，人格自然扩大。第三，宜观其意志坚强，百折不回。服膺书中语，对于环境之压迫，可以增加抵抗力。第四，宜观其修养下手工夫简易直捷，无后儒所言支离、玄渺之二病。要之《孟子》为修养最适当之书，于今日青年尤为相宜。学者宜摘取其中精要语熟诵，或抄出常常阅览，使其精神深入我之“下意识”中，则一生做人基础可以稳固，而且日日向上，至老不衰矣。

梁启超认为“《孟子》如药”，可谓一语道破孟子与药这一隐喻的天机，振聋发聩，立意高远。这一说法当然也是渊源有自的，因为朱熹（1130—1200）早就说过：

治病不治病，却在药方；服食见效不见效，却

在人。(《朱子语类》卷五十九《孟子九·告子上·仁人心也章》)

今读书紧要，是要看圣人教人做工夫处是如何。如用药治病，须看这病是如何发，合用何方治之；方中使何药材，何者几两，何者几分，如何炮，如何炙，如何制，如何切，如何煎，如何吃，只如此而已。(《朱子语类》卷十《学四·读书法上》)

我读以上两段话，觉得朱熹道出了传统儒家有关药喻的共识：疾病在各人身上，药方在圣贤手中，痊愈在自家心头。所以，清代张潮(1649—？)的《书本草》

曾说：四书五经“俱性平，味甘，无毒。服之，清心益智，寡嗜欲。久服，令人睟面盎背，心广体胖”。其中，“睟面盎背”出自《孟子》13·21说的“君子所性，仁义礼智根于心，其生色也睟然，见于面，盎于背，施于四体，四体不言而喻”，“心广体胖”出自《大学》说的“富润屋，德润身，心广体胖，故君子必诚其意”。张潮用它们刻画儒家经典给人们带来的精神面相，既是神来之笔，更是水到渠成。

《孟子的药方》包括五章：第一章题为《回望孟子的时代》，第二章题为《寻找孟子的童年》，第三章题为《感受孟子的善良》，第四章题为《品味孟子的药方之不忍人之心》，第五章题为《品味孟子的药方之不忍人之政》。从朱熹到梁启超的药喻，侧重读书与修身。这固然是我们今天读《孟子》的重要缘由，但所谓“《孟子》如药”其实是修身养性与治国理政的有机统一，充满了以内圣统摄外王的伦理政治关怀。《孟子的药方》就是这样铺开的，这让我想起唐文治（1865—1954）的《孟子大义》针对《孟子》5·1说过的一番话：

> 人之性善，国之本亦善。性善之说，人之药也；善国之说，国之药也。战国之时，国疾甚矣。孟子将以疗滕国之疾，无如病者不能用，而厥疾至于不可为。然则后之人欲治其国，当先治其疾；而欲治其疾，当先自治其性。

大半部孟学史不看好滕文公，大孟学家唐文治也不例外，但这是另一个值得探究的课题。[1]我读《孟子的药方》，深感它想在滕文公与孟子之间多说一些心里话。原因之一在于：滕文公是滕州人，孟子是邹城人，而该书作者生在滕文公故里，工作、生活在孟子故里。这一原因既是狭义的里籍乡情，更是广义的文化乡情。至于作者想说的心里话，也是我想说的心里话。盖因我的两本小书，一是《〈孟子〉七篇解读·滕文公篇》认

[1]参见杨海文:《一篇罕见地高度评价滕文公的孟子学文献——湛若水佚文〈吊文公词〉考释》，《现代哲学》2018 年第 3 期。

为“滕文公是孟子的知己”[1]，二是《我善养吾浩然之气——孟子的世界》说过“让没有做过惊天动地大事业的滕文公在我的笔下复活，就是我义不容辞的责任”[2]。我们说同样的心里话，显然是与《孟子》5·1那个充盈着伦理政治关怀的药喻密不可分的。

2016年，我加盟了陈来、王志民教授领衔的孟子研究院特聘专家团队。几年来，我与殷延禄先生有了频

---

[1] 参见杨海文：《〈孟子〉七篇解读·滕文公篇》，济南：齐鲁书社，2018年，第252页。

[2] 参见杨海文：《我善养吾浩然之气——孟子的世界》，济南：齐鲁书社，2017年，第31页。

繁的工作交往，私人交谊日益笃实。他擅长书法，并与《孟子》讲授融为一体，特色鲜明，生动活泼，深受各地（如邹城、济宁、济南以及北京、上海、广州、深圳、杭州）听众喜爱。2018 年，他在孟子研究院·孟子书院的“孟子大讲堂”系统地讲了一遍《孟子》。《孟子的药方》就是依据这轮授课的讲稿整理而成。他在整理过程中常与我交流，让我受到极多启发。书成，他嘱我写一篇序文。我欣然受命，围绕“《孟子》如药”与“孟子的药方”写了这番感想，借以就教。

2020 年 7 月 3 日上午

写于广州中山大学康乐园锡昌堂

前言

《孟子的药方》是2018年我在孟子书院“孟子大讲堂”讲课的整理稿。

孟子书院隶属于孟子研究院，是从事以孟子思想为重点的优秀传统文化研究交流、教育普及、推广传播的学术培训体验机构，为非营利性、为社会服务的事业性质组织机构。孟子书院开设有两个公益课堂，一个是“孟子大讲堂”，一个是“孟母大讲堂”。“孟子大讲堂”，以儒家文化特别是孟子思想课程为主。“孟母大讲堂”，以家庭文化特别是家长教育课程为主。

当时讲课的题目是“邻圣斋说‘孟’”。“邻圣斋”是我书斋的名字。之所以给书斋起这个名字，一方面是因为本人住在孟府孟庙附近；另一方面则是尊崇古训“里仁为美”。“邻圣斋说‘孟’”是一个相对系统的课程，共有五讲。

第一讲“回望孟子的时代”。穿越2300多年的时空，回望孟子的时代，了解孟子的时代，论世以知人。

第二讲“寻找孟子的童年”。从四基山脚下的凫村，沿着孟母三迁的足迹，寻找孟子童年的影子，聆听孟母的教诲。

第三讲“感受孟子的善良”。突破思维的障碍，用活泼泼的生命去感悟“孺子将入于井”的瞬间心灵的悸动，探究孟子性善论的奥秘。

第四讲“品味孟子的药方之不忍人之心”。熬一服孟子为我们配制的药，治疗我们正在放失或者已经放失的良心，重新昂扬起作为人的脊梁。

第五讲“品味孟子的药方之不忍人之政”。熬一服孟子为执政者配制的药，品味“王何必曰利”的深沉，跟随孟子“亲亲而仁民，仁民而爱物”。

在一年多时间里，“邻圣斋说‘孟’”系列讲座的大部分内容在多地领导干部政德教育课、市民大课堂上讲过，反响还不错。现在把它整理出来，算是我这几年来有关孟子和孟子思想的一个研究小结，希望可以为人们认识孟子、学习孟子思想，特别是领导干部进行政德教育，提供一种通俗教材，也是我作为孟子书院执行院长对亚圣孟子献上的一份敬意。

整理稿用了一个颇含深意的名字——《孟子的药

方》。以性善论为基础的孟子思想，就像一服良药，救治了当时和后世无数迷茫的心灵。不过，把圣人的思想看作是药，不是我的灵机一动，而是受了前人的启发。朱熹说：

> 今读书紧要，是要看圣人教人做工夫处是如何。如用药治病，须看这病是如何发，合用何方治之；方中使何药材，何者几两，何者几分，如何炮，如何炙，如何制，如何切，如何煎，如何吃，只如此而已。（《朱子语类·读书法上》）

梁启超也说过：

为修养受用起见，《论语》如饭，最宜滋养；《孟子》如药，最宜祓除及兴奋。（《要籍解题及其读法·读〈孟子〉法》）

在 2300 多年之前孟子给我们开了什么样的药方？孟子开的药方，经历了 2300 多年之后还有没有药效呢？这正是《孟子的药方》希望回答的问题。

目录

回望孟子的时代

圣人，百世之师也。（《孟子·尽心下》）

孟子说，圣人是百代的师表。圣人是伟大的，他的思想可以超越时代，但是再伟大的圣人，他的思想也不可能不打上时代的烙印。为了了解一个人，必须了解他生活的时代；为了了解孟子，必须回望他生活的时代，这个道理也是孟子教给我们的：

颂其诗，读其书，不知其人，可乎？是以论其世也。（《孟子·万章下》）

在回望孟子生活的时代之前，我们还要简单了解三个知识点：汉字、儒，以及《论语》《大学》《中庸》题解。

关于汉字

以汉字为媒介，通过说文解字去了解孟子的思想，是本书的一个特色，所以首先要对汉字做一个虽然简单却非常必要的解释。

大家知道，我们今天去学习传统文化不是太容易，比如，您想读懂《论语》，想读懂《孟子》，不是太容易。为什么呢？因为我们毕竟与孔孟的时代隔了2000多年了，这中间有许许多多的事情，我们不知道或看不太明白，更不用说孔孟之前的事了。不过有一样宝贝可以帮助我们克服时间的障碍，那就是汉字。

汉字是中华文化的DNA，每一个汉字都蕴含着造字之初人们的生产生活、风俗习惯，乃至国家的典章制度等文化信息。如果能够很好地分析字源，找到这些汉字蕴含的文化信息，我们就可以走到孔孟之前，找到儒家文化的源头。了解了这个文化源头，顺流而下再来读《论语》《孟子》，就会容易得多，明确得多，准确得多。这也是我选择这样一个独特视角来讲解儒家文化的原因。

既然是说“孟”，那我们就从“孟”字讲起。“孟”的金文字形作。

《说文解字》：“孟，长也。从子，皿声。”张舜徽注：“谓年事较大者。”[1]《容斋三笔》卷九“孟字义训”条：“孟字，只是最长最先之称。”

“孟”字自古以来字形上就没有太大的变化，从子，皿声。上面的是“子”。“子”就是一个小孩，他的脑袋非常大，四肢非常柔弱。大家可能会有疑问：没有四肢，只有两条胳膊一条腿，才三肢呀。其实，小孩的两条腿包裹在襁褓中，合在一起了，字形中用

[1] 张舜徽：《说文解字约注》第4册，武汉：华中师范大学出版社，2009年，第3600页。

一条弯曲的线表示。下面的是器皿的“皿”字。“皿”是碗、碟、杯、盘、盆一类日用器的统称。“孟”字的早期形态告诉我们：“孟”就是一个刚刚出生的小孩被放到水盆里去了。为什么一个刚刚出生的小孩会被放到水盆里呢？晋代人张华撰《博物志·异俗》记载：

> 荆州极西南界至蜀，诸民曰獠子，妇人妊娠七月而产。临水生儿，便置水中。浮则取养之，沉便弃之，然千百多浮。

古人怎么生孩子呢？“临水生儿。”到河边去生孩子，生了之后“便置水中”，就把孩子放到水里，“浮则取养之，沉便弃之”，如果这个孩子能浮于水，就抱回去养，如若不能，便弃之不顾。说到这里，或许大家又会产生疑问：古人竟如此残忍，没有人道吗？不是的。古人面临的生活环境非常残酷，在水边生活的人，环境要求他们必须具备天生的水性，没有这种天生的能力便活不好。所以，“浮则取养之，沉便弃之”是古人面对残酷的生活环境所做出的艰难选择。

人类有生活在大江大河边的，当然，也有生活在山林里的。生活在山林里的人又如何生养孩子呢？大致情况也是一样的：

> 我国的苗、瑶等少数民族，过去也有把新生儿放在林子里冻饿曝晒或让蚊蚁叮咬，折腾不死才抱回来养大的习俗。[1]

“孟”字的古文字字形告诉我们，它表达的是远古新生儿面对残酷的生活环境，所经受的人生第一次考验，生死考验！因为是人生第一次，所以“孟”就有了首先、第一、老大等含义。比如：农历的一年分四季，每一季有三个月，开头那个月就叫孟月，其他两个月依次为仲、季；兄弟姊妹中，长兄又称“孟兄”，长女又称“孟女”。孔子弟兄两个，他的哥哥叫孟皮；孔子名丘，字仲尼。

文字是文明的基础，文明是文化的实体。著名历

[1] 王立军：《汉字的文化解读》，北京：商务印书馆，2012 年，第 106 页。

史学家陈寅恪先生说过一句话，“凡解释一字即是作一部文化史”[1]，可见汉字背后所蕴含的文化的信息是多么丰厚。

仓颉像

徐悲鸿先生是我国近代以来著名的画家。1916年，徐悲鸿到震旦大学上学，入校之后他便遇到有人征集画作。征集者叫哈同，是一个外国人，在上海做了很大的生意。他要求画仓颉。徐悲鸿就画了一张仓颉画像投稿，结果获了奖。徐悲鸿的命运也因为这张仓颉画像而彻底改变了。他在哈同的私人花园里见到了康有为先生，并拜康先生为师。后来又得以赴法国、德国、比利时留学研习西画。1927年回国后先后任南京中央大学艺术系教授、北平艺术学院院长、北平艺专校

[1] 陈寅恪：《致沈兼士》（二），《陈寅恪集·书信集》，北京：生活·读书·新知三联书店，2001年，第172页。

长，中华人民共和国成立后任中央美术学院院长、中华全国美术工作者协会主席。徐悲鸿在美术教育和绘画创作上坚持“师法造化，寻求真理”的艺术主张，被称为中国现代美术教育的奠基者。

不过我们今天要说的不是徐悲鸿，而是仓颉，这个传说中创造汉字的人。其实，简单了解一下古汉字就会发现，汉字不是哪一个人创造的。

> 中国文字相传是黄帝的史官叫仓颉的造的。这仓颉据说有四只眼睛，他看见了地上的兽蹄儿、鸟爪儿印着的痕迹，灵感涌上心头，便造起文字来。……但仓颉造字的传说，战国末期才有，那时人并不都相信，如《易·系辞》里就只说文字是“后世圣人”造出来的。这“后世圣人”不止一人，是许多人。我们知道，文字不断的在演变着；说是一人独创，是不可能的。《系辞》的话自然合理得多。[1]

仓颉造字，无须究其有无，汉字的亘古历史，

[1]朱自清:《经典常谈》，北京：商务印书馆，2017年，第1~2页。

却是确凿的；汉字的魅力，也是公认的。据对出土文物的考证，汉字的出现，大约在距今6000年以前。仓颉的神异，汉字的奇妙，如同世界其他许多民族将文字的发生，归诸“神圣类型”一样，是现实事物的非现实反映，是后人对先人创造力的崇拜与解释。可以说，从汉字的初创、确认、使用到逐渐规范统一，无疑经过了漫长岁月的淘漉，贡献了无数代人的聪明才智。汉字的整个发展过程，就是中华民族智慧的积淀过程。[1]

汉字不是哪一个人创造的，它是一个集体的社会的行为结果，由许许多多的人共同创造而成。当然，在创造汉字的过程中，一定有一些人做过一些非常重要的整理工作，仓颉也许就是这样的人。在汉代也有一个整理文字的大学问家，那就是许慎，他编写了中国历史上第一部文字学著作《说文解字》。在我看来，许慎《说文解字》最大的贡献有两点：

[1]李人凡：《李人凡集》，北京：线装书局，2011年，第103页。

第一，他对汉字做了归纳，以义为纲，析形立目，创建了540部首，并用540部首编排所收的9353字，从此之后，汉字检索就变得异常简便。这个方法一直使用到今天。同时，540部首将汉字梳理成为有系统的以形表意的史料，反映出上古社会生活的整体面貌。

第二，他对汉字造字的原理进行了研究、梳理，总结出了汉字造字的六个方法，即“六书”：象形、指事、会意、形声、转注、假借。许慎《说文解字叙》载：

> 一曰指事，指事者，视而可识，察而见意，上下是也。
>
> 二曰象形，象形者，画成其物，随体诘诎，日月是也。
>
> 三曰形声，形声者，以事为名，取譬相成，江河是也。
>
> 四曰会意，会意者，比类合谊，以见指抝，武信是也。
>
> 五曰转注，转注者，建类一首，同意相受，考老是也。
>
> 六曰假借，假借者，本无其字，依声托事，令

长是也。

但需要注意的是，转注和假借作为造字的方法是有问题的。清代人王筠在《说文释例》中指出：

> 独体为文，合体为字。……故文统象形、指事二体。字者，孳乳而浸多也，合数字以成一字者皆是，即会意、形声二体也。四者为经，造字之本也；转注、假借为纬，用字之法也。

王氏告诉我们，“六书”中象形、指事、会意、形声是体，转注、假借是用。由此可知，转注、假借是使用文字的方法，它们不能产生新的文字，古人造字不外象形、指事、会意、形声这四种方法。

“独体为文，合体为字”，合起来叫文字。独体部分有象形有指事，在合体的时候有会意有形声，这个非常简单，我们一看字形就可以知道，比如“文”的甲骨文字形。

《说文解字》：“文，错画也。象交文。”文是交错的花纹。字形象交叉的花纹。黄天树《〈说文解字〉

部首与甲骨文（续一）》：“文，甲骨文作，象人身上刺有花纹。‘文’的本义就是文身的文。文字的文是由身上刺花纹的文引申而来的，后又引申为文章的文。”[1]徐中舒《甲骨文字典》卷九：“象正立之人形，胸部有刻画之纹饰。”[2]

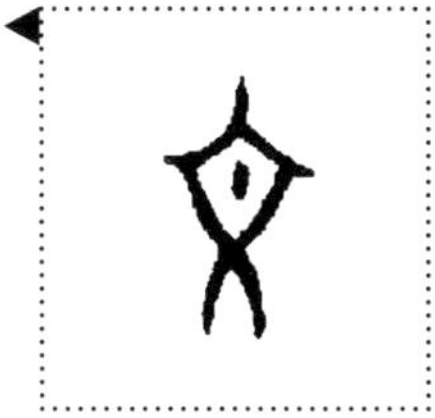

黄、徐二人的解释更准确。最初人们文身，应该是出于狩猎的需要。狩猎前，人们在自己的身体上涂上五颜六色，让身体与狩猎的环境融为一体，这样就不容易被野兽发现。

“文”是独体的象形字。“文字”的“字”就不一样了，它更复杂一些。

“字”，《说文解字》：“从子在宀下。”即楷书的宝盖头，象人住的房子。就是小孩。会

[1] 黄天树：《〈说文解字〉部首与甲骨文（续一）》，刘利民、周建设主编《语言》第4卷，北京：首都师范大学出版社，2004年，第179页。
[2] 徐中舒主编：《甲骨文字典》，成都：四川辞书出版社，1989年，第996页。

意在房子里给新生的小孩取名。

在远古时候，新生婴儿的成活率很低，很多孩子出生之后几天就夭折了。因此孩子生下来要经过一段时间，确定能生存下来之后，才在庙内或家里举行仪式，介绍给祖先并取名，使其正式成为家族的成员。《礼记·内则》记载，在孩子生下来之后第三个月的月末，选择一个吉日，为孩子取名。

给孩子取名，就表示人口增加，就像文字的创造过程中，通过两个或两个以上象形的文组合起来创造出另外一个新字一样。后来“文”与“字”组合成词“文字”，“文字”就是记录语言的符号，包含所有的文与字。

我们今天使用的汉字有6000多年的发展史。在距离今天3000多年的时候，汉字就是一种成熟的文字了。什么是成熟的文字？就是有足够的单字，并且能够表达人们的生活和思想。

不过，3000多年前的汉字字形和我们今天所使用的简化字字形大不相同。3000多年来，汉字字形发生过几次明显的改变。以“车”为例：

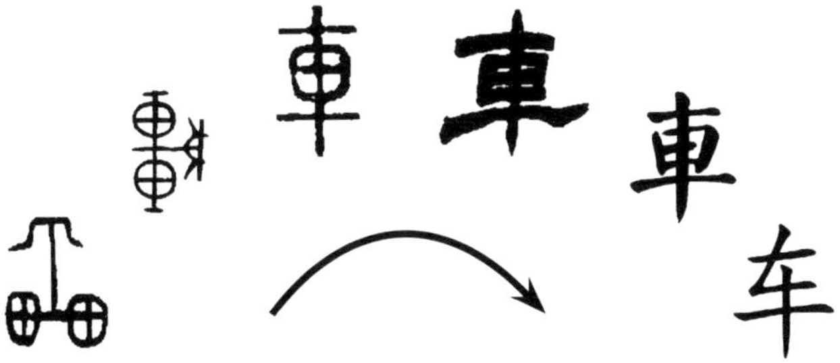

上面依次是“车”的甲骨文、金文、小篆、隶书、繁体楷书、简化楷书字形。

车，象形字，像车之形。甲骨文、金文有多种写法。有的横写，像两个车轮，横贯一根轴，轴上有车厢。有的竖写，有轮、轴、车厢，又有在车轴两端固定车轮位置的车辖，以及车辕、辕前端的横木、横木左右的车轭等。小篆省写作“車”，今简化为“车”。作偏旁一律简化为“车”。[1]

[1] 人民教育出版社辞书研究中心编：《汉字源流精解字典》，北京：人民教育出版社，2015 年，第 69 页。

《说文解字》：“车，舆轮之总名。”有人认为车是黄帝发明的。黄帝看到风吹动蓬草，其花滚动向前，从而受到启发，发明了车，黄帝也因此被人称为轩辕氏。

从甲骨文到简化字，从“车”字 3000 多年的字形演变过程我们可以清晰地看到，汉字的发展变化有一个逐渐简化的规律。但简化要有一个度，就是文字的字形能够表达它本来所承载的文化信息。

关于儒

儒家文化是中华文化的重要组成部分，孟子是儒家中仅次于孔子的亚圣，我们讲孟子，当然需要了解儒家。我们就从“儒”

字做一极简单的介绍。

早在殷商时期，“儒”字就已经出现。在甲骨文中“儒”从，一个成年人的形象，然后在他的腋下分别点上两点，描绘一个成年人沐浴濡身的样子，这就是“儒”。洗澡对现代人来说是一件稀松平常的事情，描绘人洗澡的字形何以成为儒家的专用名词呢？这要从“儒”的起源说起。

儒，是殷商时期为奴隶主贵族主持祭祖祭神、丧嫁婚娶等礼仪的一类人。儒每次工作前，都要提前斋戒沐浴，以示郑重。《礼记·儒行》中说“儒有澡身而浴德”，“澡身”就是洗澡，“浴德”就是斋戒，要清心寡欲，否则就不能表达自己对所行之事的敬意，甚至会被认为失去了做事的资格。《孟子·离娄下》说：“西子蒙不洁，则人皆掩鼻而过之。虽有恶人，斋戒沐浴，则可以祀上帝。”孟子认为，一个美貌如西子的人，如果她的身体不干净，人们也会掩鼻绕着走；一个相貌丑陋的人，若是能够斋戒沐浴，也能参与祭祀上帝的庄重仪式。因此，人们便用描绘人沐浴濡身的“儒”字来命名这个行当。

儒的行当到了孔子那里发生了质的变化。经过孔子的努力，儒渐渐脱离了单纯的谋生职业，被赋予道德和思想的担当，从此也就有了“君子儒”与“小人儒”的分别。“君子儒”志向远大，胸怀天下，能够立志“为天地立心，为生民立命，为往圣继绝学，为万世开太平”；“小人儒”保存了儒者的外表装束，懂一些礼仪的制度，却没有“君子儒”的胸襟和志向。“君子儒”就是我们后来说的儒家。

从字源看“儒”的历史演变，可以发现“儒”从重视外在形体清洁的职业习惯到重视内在道德修养的蜕变过程。此后，儒家思想逐渐深入中国人的生活，贯穿中国文化长达 2000 多年，成为中华文化的主体，对世界也产生了很大影响。

2000 多年前，从孔子出生（前 551）到孟子去世（前 289）短短 262 年间，在邹城、曲阜、嘉祥方圆不过百里的地域产生了五位圣人：至圣孔子、复圣颜子、宗圣曾子、述圣子思、亚圣孟子。可以毫不夸张地说，2000 多年前的济宁是中华文化的一块高地。

孔子教了颜子和曾子，曾子教了子思，子思的学生教了孟子。从师承关系上讲，孟子是后学，是晚辈，但是，因为对儒家、对中华文化的伟大贡献，孟子被后人尊奉为亚圣，儒家文化也被称为孔孟之道。

说到孔孟之道，就不能不提“四书五经”。“五经”

是《易》《书》《诗》《礼》《春秋》；“四书”是《大学》《中庸》《论语》《孟子》。它们都是儒家的经典。朱熹认为“四书”比“五经”好读，道理更明晰易懂，所谓“《语》《孟》工夫少，得效多；六经工夫多，得效少”（《朱子语类·语孟纲领》）。

说“孟”之前，我们先对《论语》《大学》《中庸》做一个简单的题解。

《论语》《大学》《中庸》题解

首先说《论语》。书名作《论语》，关键在于“论”字。论，从言从仑。

“仑”的甲骨文字形作。上面的 A 象三合之形，读 jí，

古“集”字；下面的卌是用绳子依次编排竹简而成的简册。“仑”加上“言”旁就是“论”。“论”有两种读音，读lún时有条理、编纂的意思，读lùn时有议论的意思。《论语》的“论”应该读lún。

> 《论语》是孔子弟子们记的。这部书不但显示一个伟大人格——孔子，并且让读者学习许多做学问做人的节目，如“君子”“仁”“忠恕”，如“时习”“阙疑”“好古”“隅反”“择善”“困学”等，都是可以终身应用的。[1]

在儒学史上，《论语》的地位是没有任何著作可以代替的。钱穆、程颐关于《论语》的“三言两语”耐人寻味。钱穆先生的“三言”：

> 1.从汉朝起，到我们高呼打倒孔家店时为止，本是人人必读的，在中国没有一个读书人不读《论语》，已是经历了两千年。我们要了解一些中国文

---

[1]朱自清：《经典常谈》，北京：商务印书馆，2017年，第60页。

化，我想至少该看看《论语》。[1]

2.今天的中国读书人，应负两大责任。一是自己读《论语》，一是劝人读《论语》。[2]

3.若使中国人，只要有读中学的程度，每人到六十岁，都读过《论语》四十遍到一百遍，那都成圣人之徒，那时的社会也会彻底变样子。[3]

“两语”是程颐先生说的：

1.读《论语》：有读了全然无事者；有读了后其中得一两句喜者；有读了后知好之者；有读了后直有不知手之舞之足之蹈之者。（朱熹《四书章

---

[1]钱穆：《中国文化丛谈·复兴中华文化人人必读的几部书》，《钱宾四先生全集》第44册，台北：联经出版事业公司，1998年，第226页。

[2]钱穆：《孔子与〈论语〉·孔子诞辰劝人读〈论语〉并及〈论语〉之读法》，《钱宾四先生全集》第4册，台北：联经出版事业公司，1998年，第50页。

[3]钱穆：《孔子与〈论语〉·孔子诞辰劝人读〈论语〉并及〈论语〉之读法》，《钱宾四先生全集》第4册，台北：联经出版事业公司，1998年，第50页。

句集注·论语序说》引）

2. 学者须将《论语》中诸弟子问处便作自己问，圣人答处便作今日耳闻，自然有得。虽孔孟复生，不过以此教人。（朱熹《四书章句集注·读〈论语〉〈孟子〉法》引）

经典是值得我们珍视并经常阅读的。什么是经典呢？龚鹏程先生说："每个民族都有它自己的经典。经，指其所载之内容足以做为后世的纲维；典，谓其可为典范。因此它常被视为一切知识、价值观、世界观的依据或来源。早期只典守在神巫和大僚手上，后来则成为该民族累世传习、讽诵不辍的基本典籍。或称核心典籍，甚至是'圣书'。"[1]

经典是我们的"护身符"。古人有时会把经典书籍印制得非常小，放在口袋里，以供随时学习。我们今天的人，每天有大把的时间奔波在路上，这些时间往往又是很零碎的，如何利用零碎的时间完成一个完

[1] 龚鹏程：《中国历代经典宝库总序》，乔衍琯编著《文史通义：史笔与文心》，北京：九州出版社，2018 年，第 3 页。

整的学习过程？口袋书可以帮助你。

说完《论语》，我们再说《大学》。《大学》的“大”，古文字形是，一个四肢发达的成年人的形象。“学”是什么？“学”的古文字形是。《玉篇·子部》：“学，觉也。”有觉悟、领会的意思。

古文字和我们今天的繁体字學没有太大的差别。上面两个“×”是什么意思？有人说是“爻”，是古人在占卜，演《周易》。其实《周易》出现的时候，我们人的智慧已经高度发达了，而在造字之初，人的智慧还没有达到那种程度。两个“×”应该是表示古人用自然界的藤条一类的东西学习打绳结。打绳结是一项基本的生活技能。大家知道，人之所以能够从野蛮走向文明，有两大因素：第一个是直立行走；第二个就是自觉的创造性的劳动。自觉的创造性的劳动以制造简单的工具为标志。如何制造简单的工具呢？古人用藤条一类的东西把物体捆扎在一起做成简单的工具，而捆扎物体的方法就是打绳结。所以两个“×”就表示古人练习打绳结。练习打绳结要用手，“×”的左右两侧的就代表两只手。谁在练习打绳结呢？象一个小孩在房子里面学习打绳结。“学”的本义就是学习、效法。

关于《大学》书名的含义，古来有很多种说法。有人说“大学”为学宫之名；有人说“大学”为学术博大精深的意思。郑玄说，“名曰《大学》者，以其记博学，可以为政也”（《礼记正义·大学》）；司马光以为，“夫离章断句，解疑释结，此学之小者也；正心、修身、齐家、治国以至盛德著明于天下，此学之大者也，故曰大学”（卫湜《礼记集说》卷一百四十九引）。朱熹则有另一种见解：“大学之书，古之大学所以教人之法也。”（《大学章句序》）

《大学》本是《礼记》的一篇，朱熹将其分成了经一章、传十章，传是解释经的。经一章，是曾子追述孔子的话；传十章，是曾子的意思，由弟子们记下的。《大学》围绕格物、致知、诚意、正心、修身、齐家、治国、平天下依次讲来，是“初学入德之门”。

《大学》是孔门的遗书，是初学者入德的门径。从这部书里，我们可以知道古人做学问的程序。从《论语》《孟子》里虽也可看出一些，但不如这部书分明易晓。学者须从这部书入手，才不会走错路。

接下来讲《中庸》。对《中庸》这部书的名字，我有一个新的解释。首先我们说这个“中”。

唐兰《殷虚文字记·释中》：“中者，最初为氏族社会中之徽帜……古时用以集众。”“盖古者有大事，聚众于旷地，先建中焉，群众望见中而趋附，

群众来自四方，则建中之地为中央矣。”[1]“中”的基本义是中央。

唐兰先生是大文字学家，他的解释当然具有权威性。不过看到古文字“中”的字形，我有些疑问：按照唐兰先生的说法，字的一竖就是旗杆，上下飘动的部分就是用布、皮或其他材料做成的旗帜，中间的“口”就是立旗子的地方，问题是旗杆是插在地上的，为什么“口”的下方还有飘动的旗帜？

西安半坡遗址原始居民房屋复原图

西安半坡遗址原始居民居住的房屋大多是半地穴式的。基本的建筑工序是，先从地表向下挖出一个方形或圆形的穴坑，然后沿坑壁用树枝围墙，外面抹上草泥，最后架设屋顶，并在穴坑中埋设立柱以支撑屋

[1] 唐兰：《殷虚文字记》，北京：中华书局，1981年，第53~54页。

顶。这个建筑形制让我想起，
中间的“口”就是穴坑，上下贯通的一竖就是立柱，立柱上面的表示立柱与屋顶的连接，下面的表示立柱埋设在地下。我认为，就是“中”，本义是支撑屋顶的立柱。立柱之所以能够支撑屋顶，是因为它处在力量的平衡点上，故“中”有不偏不倚、正的意思，中心、中间等含义则是从不偏不倚、正的意思引申而来。

再看“庸”，它与“中”的造字同源，都和原始居民居住的房屋有关。

“庸”上面的，就是“庚”，表示屋顶；下面的就是“用”，表示沿穴坑壁用树枝围起来的墙。“庸”就是原始居民居住房屋的象形。房屋为人们生活

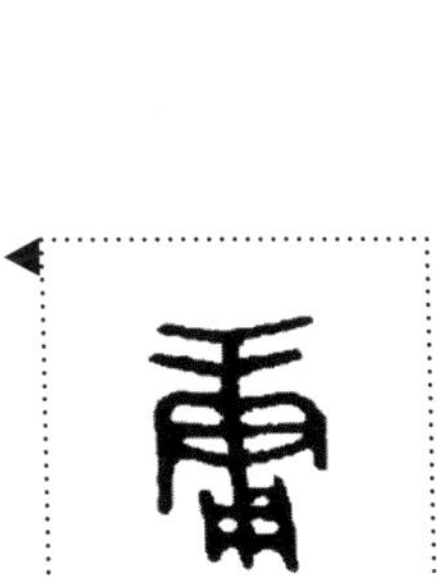

日用，故《说文解字》曰“庸，用也”，后来又引申为平常等含义。对于“庸”字就是原始居民居住房屋的象形的解释，我们可以找到许多佐证，如《尔雅·释乐》“大钟谓之镛”，《说文解字》“墉，城垣也。从土，庸声”，等等。

了解了“中”“庸”的造字原理，我们再来看朱熹的话就明白多了：

> 中庸者，不偏不倚、无过不及，而平常之理，乃天命所当然，精微之极致也。（朱熹《四书章句集注·中庸章句》）

《中庸》是孔门传授心法的书，是子思记下来传给孟子的。书中所述的人生哲理意味深长，会读书的人细加玩赏，自然能心领神悟，终身受用不尽。

有了上面关于文字、儒学以及《论语》《大学》《中庸》的简单了解，我们现在回到孟子。

刚才我们说的五位圣人，他们之间有一个师承的关系：孔子教了颜子和曾子，曾子教了子思。子思是孔子的孙子，名字叫孔伋。孔子去世的时候子思还年轻，专家考证在10到16岁之间，是曾子继续教育了他。孟子呢？司马迁《史记·孟子荀卿列传》说："孟轲，邹人也。受业子思之门人。"孟子是子思的学生教的。

在五位圣人当中，孟子是一个后学，那孟子为什么能超越子思、超越曾子、超越颜子而成为亚圣？儒家文化又何以被我们称为孔孟之道呢？原因就是孟子对儒家、对中华文化有伟大的贡献。

元至顺元年（1330）文宗皇帝封孟子为"邹国亚圣公"。这一加封背后更深层次的原因在于：孟子的亚圣地位是文化的选择，历史的选择。我们只有站在这样一个高度才能真正认识孟子、走近孟子，体悟孟子的思想。

孟子对儒家思想、对中华民族的贡献有很多，我们简要归纳为以下三点：

第一，孟子提出了性善论。性善论的价值在于，一方面，它为儒家思想找到了一个理论的基石；另一方面，它提醒我们"人之所以异于禽兽者几希"（《孟子·离娄下》），唤醒了我们做人的责任、做人的自觉。

第二，孟子提出了仁政的学说。有人讲孟子仁政学说的时候，可能仅仅去讲富民，让老百姓富裕起来；或者是再讲一点教民，让老百姓文明起来。在我看来，孟子仁政学说最重要的价值在于，它让老百姓第一次知道了自己应该得到尊重。“民为贵，社稷次之，君为轻”（《孟子·尽心下》），孟子的存在让历代做得不好的君王寝食难安！

第三，孟子提出了大丈夫精神、浩然之气。孟子的大丈夫精神、浩然之气对历代的知识分子产生了极大的影响。我们的文化传统中，知识分子大都有修身、齐家、治国、平天下的理想抱负。知识分子为什么会有这种理想抱负呢？这种理想抱负来自哪里呢？源头就在孟子那里，是孟子的大丈夫精神、浩然之气教导了他们、引导了他们。

有了前面的铺垫，接下来我们就回望孟子的时代。

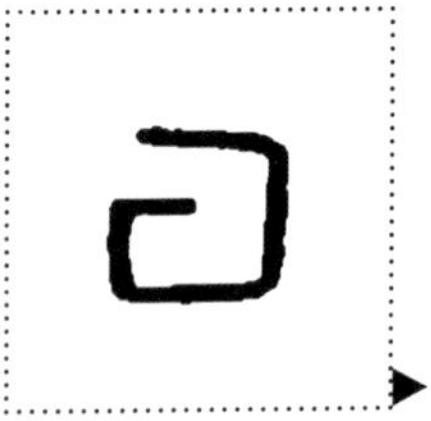

我们先来解说一下“回”

和“望”。

《说文解字》：“回，转也。”甲骨文就是，象流水形成的漩涡，本义指旋转。《荀子·致士》：“水深而回。”

“望”的甲骨文是，象一个人站在土堆上远望之形。金文承袭甲骨文，或加“月”作，象一个人静静地站在土堆上，睁着大眼睛看月亮，字形更加生动有趣，表意也更加形象明了。为什么不看太阳呢？因为阳光太刺眼。文字的创造源于生活，也蕴含着生活的哲理，这也提示我们在说文解字的时候，不能违背常识，不能违背生活的哲理。回归生活，往往是对汉字最好也最准确的解释。

孟子谓万章曰：“一乡

之善士斯友一乡之善士，一国之善士斯友一国之善士，天下之善士斯友天下之善士。以友天下之善士为未足，又尚论古之人。颂其诗，读其书，不知其人，可乎？是以论其世也。是尚友也。”（《孟子·万章下》）

万章是孟子的学生。《史记·孟子荀卿列传》记载，孟子“退而与万章之徒序《诗》《书》，述仲尼之意，作《孟子》七篇”。

孟子对万章说：“一乡之中有善德的人，与这一乡有善德的人交朋友；一国之中有善德的人，与这一国有善德的人交朋友；天下有善德的人，与天下有善德的人交朋友。”人与人的交往，往往受到地域的限制。比如，我们与同处一个城市的朋友可以经常聚到一起，但与其他城市的人则不可能经常交往。人与人的交往，还受到自身修养的限制。从向善的愿望来讲，我们都希望“无友不如已者”。朋友是向善的伙伴，能与更多品德高尚的人交友是大家共同的期盼，但要做到这一点，必须自己先有善德善行。所以孟子接着说：“以友天下之善士为未足，又尚论古之人。”尚，上也。与天下的善士交友还不能满足，那就上溯历史了解古代的人。“颂其诗，读其书，不知其人，可乎？是以论其世也。是尚友也。”颂，朱熹说与“诵通”（《四书章句集注·孟子集注》）。吟诵他所写的诗，研读他所著的书，却不了解他的生平与为人，可以吗？所以要讨论他所处的时代。这就是上溯历史与古人交朋友。人与人的交往，还会受到时间的限制，而读书、论世可以让我们在交朋友的过程中超越时空的制约。

> 友道精神，可以超越时间空间之限隔。人不但可与眼前之人为友，亦可与千万里之外的人为友；不但与今人为友，亦可与古人为友。人格精神与德慧性情，是古今同在，而可以相遇于旦暮的。五伦中的师友一伦，最富有精神意义，人能亲师取友，尚友古人，就可以超越自我的限制，而宛若涌身于文化大流之中；此时，我们的生命便顿然有充实庄严之感。[1]

[1]蔡仁厚:《孟子要义》，台北：台湾书店，1980年，第52~53页。

朋友是向善的伙伴，这个道理古人在创造“友”字的时候就告诉我们了。

《说文解字》：“同志为友。从二又。相交友也。”“友”的甲骨文是，象两只手，而且这两只手是同向的，同向产生合力。所以我说，“友”是向善的伙伴。

我们回望孟子的时代，就是“尚友”孟子，就是要向亚圣孟子学习，让他引领我们“止于至善”。接下来我们自然要“论其世”，来具体了解孟子所处的时代了。

混乱的时代

众所周知，孟子生活在战国时代。那战国时代具体是怎样的呢？它有什么特点呢？我还是用说文解字的办法告诉大家。我用一个字概括孟子生活的时代——乱。

我们看“乱”的古文字形。表示一团丝线，是一个旋转的符号，会意这团丝线缠绕起来，混乱起来，就变成了一团乱麻。混乱之后怎么办呢？上面的是一只手，下面的也是一只手，我们用两只手对它进行梳理。表示理顺的意思。就是“乱”，是个会意字。“乱”有两个截然不同的本义，一个是混乱，一个是理顺。为什么会有这样两个截然相反的本义呢？从人行为的对象去看，它是那团乱麻，所以有混乱的意思；从人劳动的结果去看，它是把那团乱麻

理顺了，所以又有理顺的意思。《尔雅·释诂》：“乱，治也。”这是本义理顺的引申义。一个字往往具有两个截然相反的本义，这是许多古文字共同的现象。古文字这一现象告诉我们，看问题的时候不要仅看一面，要知阴又知阳，阴阳两面都看到了，就比较全面了。

我们今天讲的这个“乱”，用的是混乱这个意思。孟子处在一个混乱的时代。

民之憔悴于虐政，未有甚于此时者也。（《孟子·公孙丑上》）

孟子说：“老百姓遭受暴政的折磨，没有比现在更厉害的了。”孟子所处的时代，为政者不仁，让老百姓陷入深深的灾难，这种灾难前所未有。

认识一个时代、观察一个时代，不是一件容易的事情，最好的办法或许是看生活在那个时代的人的状态。我把孟子所处时代的人概括为三种：君、臣、民。

先谈君。“君”的古文字形是。

《说文解字》：“君，尊也。从尹。发号，故从口。”

上半部分就是今天的"尹"，以手执权杖，表示治理。下半部分是"口"，表示发布命令。《荀子·礼论》曰"君者，治辨之主也"，主持办理具体事务的人就是"君"。君的本义是拥有权力、发号施令的人。后世衍生成一国之国君，即最高统治者。

在孔子之前，只有贵族男子才能成为拥有权力、发号施令、执政治国的人。我们今天熟知的"君子"，最早就是对统治者和贵族男子的通称。

在孟子所处的时代，作为最高执政者的"君"是什么样子的呢？我的概括是：贪心的君。

贪心的君

《孟子》共七篇，第一篇的

第一章就是孟子见梁惠王。孟子为什么去见梁惠王呢？因为老迈的梁惠王要招贤纳士。老迈的梁惠王为什么要招贤纳士呢？

梁惠王曰："晋国，天下莫强焉，叟之所知也。及寡人之身，东败于齐，长子死焉；西丧地于秦七百里；南辱于楚。寡人耻之，愿比死者壹洒之，如之何则可？"（《孟子·梁惠王上》）

大家知道，周朝（前1046—前256）是中国历时最长的朝代，从武王姬发创建到平王东迁之前，被称为西周，其后被称为东周。东周又分为春秋和战国两个阶段，两个阶段的分界点就是"三家分晋"。周的诸侯国晋国为赵、韩、魏三家所分，晋君成为附庸。公元前403年，周威烈王正式承认三家为诸侯，号称"三晋"。所以梁惠王亦自称魏国为晋国（魏国后来迁都大梁，魏惠王也称梁惠王）。

梁惠王说，晋国，天下曾经没有比它更强大的了，这是老先生您知道的。到了我这里，东边败给了齐国，长子阵亡。魏惠王二十九年（前341），魏、齐在马陵打了一仗，齐威王派田忌、孙膑率军队大败魏军，魏将庞涓自杀，太子申被俘。西边丧失七百里疆土给秦国。公元前 340 年至前 328 年，魏国与秦国连续打了几仗，魏国被打得狼狈不堪，割让河西郡全部和上郡十五县。南边被楚国欺侮。公元前 323 年，楚、魏在襄陵大战，魏军又被楚击败，被迫割让大片土地。梁惠王对上面这些事情感到十分羞耻，所以要招贤纳士，以求报仇雪恨。

孟子并不想教梁惠王如何报仇雪恨，不仅不出主意，还愤怒地骂梁惠王。

孟子曰："不仁哉梁惠王也！仁者以其所爱及其所不爱，不仁者以其所不爱及其所爱。"

公孙丑问曰："何谓也？"

"梁惠王以土地之故，糜烂其民而战之，大败，将复之，恐不能胜，故驱其所爱子弟以殉之，是之谓以其所不爱及其所爱也。"（《孟子·尽心下》）

孟子说："梁惠王真是不仁啊！真正的仁者，会把他所爱的推及他所不爱的，而不仁者会把他所不爱的推及他所爱的。”这个地方需要注意，所谓“不爱”，不是我们今天说的不喜爱，而是指关系较远的人。

梁惠王为了自己的贪欲，不行仁政而滥用武力，不仅害了与他关系较远的人，也害了他亲近的人，包括他的长子。

说完老迈的梁惠王，我们再来看看意气风发的齐宣王。孟子去见齐宣王，两人就“大欲”问题展开了一段对话。

> （孟子）曰：“王之所大欲可得闻与？”
>
> 王笑而不言。
>
> （孟子）曰：“为肥甘不足于口与？轻暖不足于体与？抑为采色不足视于目与？声音不足听于耳与？便嬖不足使令于前与？王之诸臣皆足以供之，而王岂为是哉？”
>
> （王）曰：“否；吾不为是也。”
>
> （孟子）曰：“然则王之所大欲可知已，欲辟土地，朝秦楚，莅中国而抚四夷也。以若所为求若所欲，犹缘木而求鱼也。”（《孟子·梁惠王上》）

孟子问齐宣王最大的愿望是什么,齐宣王笑而不答。孟子又问:“是肥美的食物不够吃,轻暖的衣服不够穿吗?还是艳丽的色彩不够看,美妙的音乐不够听呢?或者是身边伺候的人不够使唤呢?”齐宣王说:“不,我不是为了这些。”

这时,孟子说:“我知道您最大的愿望是什么了。”

齐宣王最大的愿望是什么呢?是扩张疆土,使秦、楚臣服,君临中原而威抚四夷。他是要把天下都变成自己的。

不仅老迈的梁惠王、意气风发的齐宣王有这样的欲望,就连“望之不似人君”的梁襄王也是一样:

> 孟子见梁襄王,出,语人曰:“望之不似人君,就之而不见所畏焉。卒然问曰:‘天下恶乎定?’”(《孟子·梁惠王上》)

孟子去见梁襄王,出来后就对人说:“远看不像个国君,近看也不能令人敬畏。”就是这样一个人,一见面就迫不及待地问道:“天下怎样才能安定?”

追求天下的安定没有错,但是一个“望之不似人君”

的家伙想要安定天下，就不能不让人怀疑其背后的目的。在孟子的眼中，那个时代的君王没有一个是有仁心行仁政的，“今夫天下之人牧，未有不嗜杀人者也”（《孟子·梁惠王上》）。他们有的只是贪得无厌，为了他们的贪欲，不义的战争一天到晚打不完：

> 争地以战，杀人盈野；争城以战，杀人盈城。此所谓率土地而食人肉，罪不容于死。（《孟子·离娄上》）

为了争夺城池、土地而发动战争，杀死的人满城遍野。孟子说，这就是所谓的为了土地而吃人肉，这些发动不义战争的国君，即使被处以死刑都不足以赎罪。

君是这样的贪心，我们再看辅佐君的臣，又是什么样子的呢？我的概括是：唯利的臣。

唯利的臣

“臣”是个会意字，甲骨文字形作，描绘的是人竖目的形象，会意俯首从命。本义为仆隶，引申指臣子、

官吏。为什么竖目可以表达俯首从命的意思呢？古时候老百姓在道路上行走，如果前面来了官员或者贵族，这时老百姓就不能再往前走了，要赶快退到路边，跪下来，把头低下去。如果贵族或者官员不问话，老百姓不能把头抬起来，抬起来就是冒犯；要是贵族或者官员问话，老百姓也不能把头抬起来，要跪着低头侧脸回话。低头侧脸回话时，眼睛是竖立着的。所以，竖目就表示俯首从命的意思。也有专家认为，最早时候臣就是打仗被抓过来的俘虏。俘虏有两种：一种原来就是普通老百姓；另一种原来是管理者。这些原来的管理者懂得管理，继续做管理工作，慢慢就变成了帮凶，有了既臣服于胜利者又管理原来的老百姓的双重身

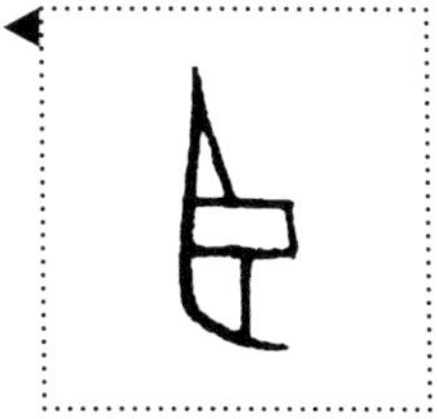

份，后来君臣之臣的意思就从这里来。

孟子时代的臣的生活状态，我们从《史记·孟子荀卿列传》的描述中可以看到：

> 当是之时，秦用商君，富国强兵；楚、魏用吴起，战胜弱敌；齐威王、宣王用孙子、田忌之徒，而诸侯东面朝齐。天下方务于合从连衡，以攻伐为贤。

当时“天下方务于合从连衡，以攻伐为贤”，能打仗的臣才是君王所喜欢的，而且好像形成了整个社会的“共识”！孟子与同时期的不太有名气的纵横家景春有这样一次对话：

> 景春曰：“公孙衍、张仪岂不诚大丈夫哉？一怒而诸侯惧，安居而天下熄。”
>
> 孟子曰：“是焉得为大丈夫乎？子未学礼乎？丈夫之冠也，父命之。女子之嫁也，母命之，往送之门，戒之曰：‘往之女家，必敬必戒，无违夫子！’以顺为正者，妾妇之道也。”（《孟子·滕文公下》）

景春说：“公孙衍、张仪难道不是真正的大丈夫吗？他们一发怒，天下的诸侯都会害怕；他们安定下来，天下就太平无事，没有战争了。”公孙衍、张仪那样的人，在景春看来就是大丈夫，但在孟子眼里不是。这样的人怎么是大丈夫呢！他们不过是“以顺为正者”，行的是“妾妇之道”，是小女子的那种做派而已。女子出嫁的时候，母亲会告诫她：“到了你夫家，一定要恭敬，一定要谨慎，不要违背你的丈夫！”

孟子认为公孙衍、张仪这样的人都是助纣为虐之人，他们只会顺从君王的贪欲来做事情，是不能被称为大丈夫的。孟子严正指出：

> 今之事君者皆曰：“我能为君辟土地，充府库。”今之所谓良臣，古之所谓民贼也。（《孟子·告子下》）

当时的臣都说自己有能耐，能为君王开拓疆土，充实府库，富国强兵。但是孟子说：“今之所谓良臣，古之所谓民贼也。”今天所谓的良臣，正是古代所说的残害老百姓的人。君主不向往王道，不立志行仁政，而公孙衍、张仪那样的人，却想方设法替他们拼命打仗，这等于是助纣为虐。

孟子所处的年代不仅有贪心的君，还有助纣为虐、唯利是图的臣。

由此，第三种人——民，就陷入了深深的灾难。所以我说那时的民是苦难的民。

苦难的民

“民”的甲骨文字形，象以尖锐之物刺目。

我们刚才讲到，最早的时候打仗俘虏过来的人有两种：臣和民。民就是普通的百姓。胜利者强迫打仗所虏获的百姓从事生产劳动，为防止他们逃跑，就刺瞎他们的左眼，这与后来在被发配犯人的脸上刺字是一个道理。“民”的本义为奴隶，后引申为庶人、百姓。

民在造字之初就带着深深的苦难。古人说“兴，百姓苦；亡，百姓苦”，生活在孟子那个时代的老百姓更加苦，因为他们面对的是贪心的君、唯利的臣。孟子讲：

> 今也制民之产，仰不足以事父母，俯不足以畜妻子；乐岁终身苦，凶年不免于死亡。（《孟子·梁惠王上》）

这些贪心的君、唯利的臣，把国家治理得不成样子，老百姓得到的那点财产，上不足以奉养父母，下不足以养活妻儿，好年成也充满艰难困苦，遇到不好的年成，则只有死路一条！这就是当时老百姓悲惨的生活状态。

我们看一个字：。

字形描绘的是把一只杯子里面的液体倒到另外一只杯子里，这就是“易”。“易”就是改变，就是交换。后来字形逐渐简化成、，与楷书的“易”就十分接近了。

孔子、孟子都是不幸的人，他们生活在战争频仍的时代。据统计，春秋时期一共打了1200多次仗，连年战祸给民众带来了无尽的苦难。

《春秋公羊传·宣公十五年》记载：春季的时候，楚国的军队围攻宋国的都城，但是久攻不下。楚庄王就命令大臣司马子反了解宋城内的情况。司马子反在城墙的外面堆了一个大土堆，然后爬上去窥视宋城。赶巧啦，宋国也想到了这一招，他们在城里面也堆了一个大土堆，大臣华元爬上去窥视楚国军队。两人离得非常近，你看见我，我也看见你了。司马子反就问华元：你们城里面情况怎么样呀？华元就说了一句让人一听就忍不住落泪的话：

易子而食之，析骸而炊之。

华元说，城中已经断粮了，人们开始吃孩子。自已的孩子谁舍得！那怎么办？交换，你吃我的孩子，我吃你的孩子。吃孩子也没有柴火烧了，人们就把死人的骨头剔出来，当柴火烧。

战国时期打了 460 多次仗，数量上比春秋时期少了一点，但战争规模之大、持续时间之久、战况之惨烈、给老百姓带来的灾难之深重，远远高于春秋时期！

面对这样一个时代，孟子怎么办？

孟子的担当

面对混乱的时代，面对老百姓的苦难，孟子大义凛然地担负起时代赋予他的重担！主要表现在两个方面。

第一，以圣人为师。

圣（聖），从人从耳从口。甲骨文字形描绘的就是一个有着大大耳朵的人张口说话。我们远古的祖先认为，善听是内心宁静敏感者的超凡能力，能在自然环境中辨音的人，常常是有大觉悟的人。这样的人通过对自然万物的观察，上体悟天道，下洞察人性，内化于心，外言于口，教化众生，引领社会。所以这个字形就表达了今天我们说的圣人的意思。

圣人之于民，亦类也。出于其类，拔乎其萃，自生民以来，未有盛于孔子也。

乃所愿，则学孔子也。（《孟子·公孙丑上》）

孟子认为“圣人之于民，亦类也”，圣人和我们是同类。但圣人又与我们有点不一样，他“出于其类，拔乎其萃”，是我们同类中表现优秀的。而“自生民以来，未有盛于孔子也”，孔子是自有我们同类以来最优秀的人。

孔子的精神是与时俱进的，他的学说集中华文化之大成。“孔子者，中国文化之中心也。无孔子则无中国文化。自孔子以前数千年之文化，赖孔子而传；自孔子

雄。”[1]

第二，以君王为徒。

王，甲骨文作，金文作，描绘的都是斧钺之形。古代斧钺是王权的象征，故“王”的本义是指古代最高统治者。《说文解字》：“王，天下所归往也。”

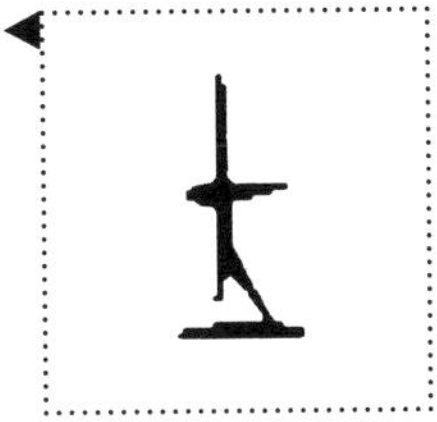

梁涛先生指出：

> 从孔子开始，儒家不是自己建立组织，并依托此组织以伸张其思想主义，而是选择了“仕”，希望通过出仕将其思想主张贯彻到政治实践中去。这样，儒家与当时的政权、执政者之间便存在着一种特殊的依附关系。儒者一旦进入官场，便不再是纯粹的士子、读书人，而成为臣子，与君主之

[1] 王邦雄等：《孟子义理疏解》，台北：鹅湖月刊杂志社，1983年，第365页。

间存在着“君臣之义”，需要承担相应的责任与义务。[1]

士的出仕是必然的，士在寻求出仕机会时，也不掩饰其内心的诚恳——孔子在与君王见面的时候，一定要带上礼物。有的人不理解，孟子解释说：

> 士之仕也，犹农夫之耕也，农夫岂为出疆舍其耒耜哉？（《孟子·滕文公下》）

士人出仕，是天经地义的，就像农夫要种田一样。农夫难道会因为离开一个国家就丢弃农具吗？

农夫为了种田要带着农具，士为了出仕不仅仅带着见面的礼物，还带着更重要的东西——道。后世之人做官，大多是把它当成一种职业，是为了谋生，而孔子不是，他有自己的坚守，他要弘道。

以弘道为使命，让儒者的出仕变得崇高而庄严，进

---

[1] 梁涛主编：《中国政治哲学史》第一卷，北京：中国人民大学出版社，2017年，第121页。

而影响了他们与君王的关系：

> 定公问："君使臣，臣事君，如之何？"孔子对曰："君使臣以礼，臣事君以忠。"（《论语·八佾》）

臣对君的忠不是愚忠——君以礼使臣，臣尽忠奉君，是相对待的。

> 子路问事君。子曰："勿欺也，而犯之。"（《论语·宪问》）

"勿欺"就是对君主要忠心，"犯之"就是对君主的不仁、错误要敢于批评。

> 所谓大臣者，以道事君，不可则止。（《论语·先进》）

真正的大臣，用合乎仁义的内容和方法来协助君主，如果君主不能听从，他就辞官不干。

孟子一生大部分时间都在寻找符合天道民心、可以合作的对象——君，但结果颇为失望：“今夫天下之人牧，未有不嗜杀人者也。”（《孟子·梁惠王上》）故而孟子眼睛向下看了一下，寻找那些可以通过鼓励、引导而符合合作条件的君王。

面对承认自己好货、好色的诚实的齐宣王，孟子耐心引导：

> 王如好货，与百姓同之，于王何有？
>
> 王如好色，与百姓同之，于王何有？（《孟子·梁惠王下》）

大王如果喜欢钱财，也让老百姓都有钱财，那喜好钱财就不是毛病，不仅不是毛病，甚至可以以此称王天下。大王如果喜欢美色，也让老百姓都有对象，那喜好美色就不是毛病，不仅不是毛病，甚至可以以此称王天下。

面对站在池沼边上，观赏着鸿雁和麋鹿，而不免有些洋洋自得的梁惠王，孟子耐心说服：

> 古之人与民偕乐，故能乐也。（《孟子·梁惠

王上》）

君王独乐，老百姓就都苦；老百姓都苦了，就会产生怨恨；老百姓都心生怨恨了，那就会起来造反；老百姓起来造反了，君王想独乐也办不到了。古代的君王知道这个道理，所以他们与民同乐，也就能享受到自己的快乐。

在孟子的眼中，君因其特殊的地位而有他特殊的价值：

君仁，莫不仁；君义，莫不义；君正，莫不正。一正君而国定矣。（《孟子·离娄上》）

正因为如此，孟子并没有为了引导教化君王而一味地降低要求。他继承和发展了孔子“以道事君，不可则止”的仕道，在整个周游列国的过程中，向世人展现了以天下为己任、敢于“正君”、敢于“格君心之非”的“君王之师”的完美形象。

《孟子·公孙丑下》记载着这样一个故事：

有一次，孟子正准备去见齐王，刚巧齐王派人来传话说："我本该来看望您老人家，但不巧染上了风寒，有点怕吹风。明早我将临朝听政，不知道您能否来与我相见呢？"

孟子对来人说："不巧得很，我也有病，不能到朝廷去见齐王。"

后来孟子的朋友质问孟子："在家有父子，在外有君臣，这是人世间最重要的伦理。父子之间亲情为主，君臣之间恭敬为主。我只看到齐王对你的恭敬，却没看到你对齐王的恭敬。"

孟子说："哎！你这是什么话！在齐国没有一个与齐王谈论仁义的人。不与齐王谈论仁义才是对齐王最大的不恭敬。至于我，不是仁义之道不敢向齐王陈述。齐国人没有比我对齐王更恭敬的呢！"

孟子接着说："天下有三种公认的尊贵：爵位、年纪、道德。在朝廷上最尊贵的是爵位，在乡里最尊贵的是年纪，而匡扶世道、统率百姓最尊贵的是道德。我的年龄大、道德修养好，齐王与我相比，只有爵位一种比我高，二比一，我赢，齐王应该来拜访我。"

孟子不见齐王，不是一时的意气用事，更不是矫情。齐王派使者传话的行为，恰恰让孟子敏锐地察觉到了齐王的心思：齐王不愿意礼贤下士。不愿意礼贤下士就是“君心之非”；孟子不去见齐王，正是“格君心之非”。

“正君”“格君心之非”的提出，对后世政体影响深远，是中国古代设立言官制度的重要思想源头。

孟子为什么能“正君”“格君心之非”？孟子为什么有这样一种气度？因为他有道义在，有浩然之气和大丈夫品格在：

> 我知言，我善养吾浩然之气。（《孟子·公孙丑上》）
>
> 居天下之广居，立天下之正位，行天下之大道。得志，与民由之；不得志，独行其道。富贵不能淫，贫贱不能移，威武不能屈，此之谓大丈夫。（《孟子·滕文公下》）

《横渠语录》中有这样一句话：“为天地立心，为生民立命，为往圣继绝学，为万世开太平。”冯友兰先生称它为“横渠四句”。有意思的是，冯友兰先生晚年的学术助手、儒学大家陈来先生提出了一个“横渠四句”的思想源头——“孟子六句”：“居天下之广居，立天下之正位，行天下之大道”“富贵不能淫，贫贱不能移，威武不能屈”。陈来先生认为，“横渠四句”的精神、胸怀源自孟子，但又不同于孟子。孟子的“三天下”和“三不能”，集中体现了士君子宏大和弘毅的境界，“三天下”可见其胸怀广阔，“三不能”可见其士君子所代表的独立于富贵的吸引、贫贱的压力和政治的权威的凛然正气。[1]

细细品读《孟子》，我们会不自觉地被孟子那股浩然正气所吸引。孟子生于乱世，却不随波逐流，有所为，有所不为。他的笔锋直指那个时代的堕落，直书他“当今之世，舍我其谁”的使命担当。孟子的存在是中华民族、中华文化的福音！正是有了孟子所倡导的大丈夫精神、浩然之气，有了在孟子大丈夫精神、浩然之气感召下的无数舍生取义的志士仁人，我们中华文化才有了不屈的脊梁和岩岩泰山之气象！

---

[1] 据陈来先生在“孟子思想与党风廉政建设研讨会”（2017年11月，山东邹城）上的主旨发言录音整理。

寻找孟子的童年

上一讲我们通过君、臣、民的生活状态，回望了孟子所处的混乱的时代，以及孟子面对贪心的君、唯利的臣和苦难的民所做出的人生选择——以圣人为师，以天下君王为徒，担负起修身齐家、治国平天下的重担。孟子对儒家、对中华文化和中华民族有着伟大的贡献，历史与文化也因此而选择了孟子，给予他儒家亚圣的崇高地位。孟子在身后很风光，其实，孟子在生前也很风光。

风光的孟子

我们先看一个字：。

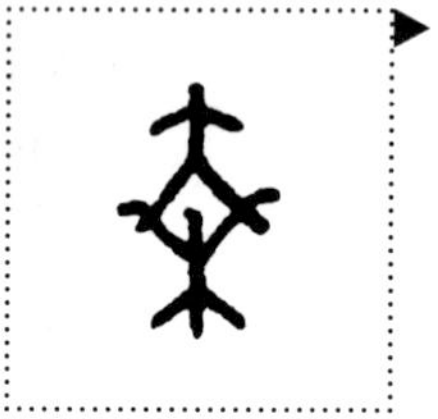

下面的是一棵树，上面的是一个人，人站在树上。这是个什么字呢？这就是“乘”。“乘”的本义是人爬到树上。段玉裁《说文解字注》说：“加其上曰乘，人乘车，是其一耑也。”引申为驾驭、乘坐的意思。再由驾驭、乘坐进一步引申为马车。表示马车的时候，应该读作 shèng。古时四匹马拉的一辆车称为一乘。

《孟子·滕文公下》：

> 彭更问曰：“后车数十乘，从者数百人，以传食于诸侯，不以泰乎？”
>
> 孟子曰：“非其道，则一箪食不可受于人；如其道，则舜受尧之天下，不以为泰。子以为泰乎？”

孟子的弟子彭更问孟子："跟随你的车有几十辆，随从有几百人，从这个国家吃完，到那个国家吃，你不觉得太过分了吗？"孟子回答："非其道，则一箪食不可受于人。"如果不符合道义，一箪饭也不能接受。"如其道，则舜受尧之天下，不以为泰。"如果符合道义，就像舜接受尧的天下一样也不算过分。"子以为泰乎？"我们为了传道，从这个国家吃到那个国家，你以为太过分了吗？

为了传道，"后车数十乘，从者数百人，以传食于诸侯"，当然不过分。不过这样的阵势，确实是非常风光的——历史上没有做到高官而生前有这样风光的儒者，可能唯孟子一人。

孟子的一生是伟大的一生。不知大家注意到没有，孟子一生的经历还有一点非常奇特——他和圣人孔子一生的经历极其相似：

他们都有贵族的血统，但都没有机会享受贵族的待遇。

《史记·孔子世家》说，孔子生于鲁国昌平乡陬邑，是殷微子的后代。周灭商之后，周公封微子于宋，让他统率殷族，祭祀殷的先祖，微子便成为周代宋国的始祖。孔子的曾祖父孔防叔为了躲避别人的危害，从宋地搬到鲁国。孔防叔生了伯夏，伯夏生了叔梁纥。叔梁纥就是孔子的父亲。这时候，家族其实已经败落，叔梁纥只是鲁国一个低级的武士。《史记·孔子世家》记载：

> 孔子要绖，季氏飨士，孔子与往。阳虎绌曰："季氏飨士，非敢飨子也。"孔子由是退。

孔子的母亲去世，在他服孝期间，鲁国的季氏宴请鲁国的士族子弟，孔子前往参加，却被阳虎挡住。为什么呢？阳虎说："季氏要宴请的是士人，不是你这样的人。"这恐怕不能仅仅说是阳虎的刁难，也应该是孔子家族当时地位卑微的反映。

孟子也一样。东汉赵岐写的《孟子题辞》中说：

> 或曰：孟子，鲁公族孟孙之后。故孟子仕于齐，丧母而归葬于鲁也。三桓子孙，既以衰微，分适他国。

这个说法被后来的人所认可。大家都认为孟子的先祖就是鲁国的贵族，因为家道中落，就从鲁国搬到了邹国。至于具体什么时间搬的，已经不太清楚。

另外，孔子和孟子都是在三四岁的时候失去了父亲，由母亲一个人含辛茹苦地抚养成人。两个人都勤奋好学，学成之后，周游列国，弘扬他们的“道”。他们的“道”不被当时的各位诸侯所接受，两人又都退而著书立说、教育学生。

不仅如此，孔子和孟子还都长寿。孔子活了七十三岁，孟子活了八十四岁，这在“人生七十古来稀”的过去，都是很了不起的。

孔子与孟子人生的巧合很让人感慨，或许冥冥之中预示着“孔孟之道”的必然吧。

家 · 母亲 · 孟母

孟子的人生是极其成功的。他为什么能够成功呢？原因非常多，其中有一条很重要，那就是母亲对他的教育。讲到母亲的教育，就涉及家庭。我们看“家”的古字形：。

“家”是会意字。上面的是房子的形状，今天楷书作宝盖头。宝盖头里面是一头胖胖的小猪。

看到这个字形的时候，你可能会有疑问：“家”不是人住的地方吗？为什么房子里面不是一个人，而是一头猪呢？

“家”的造字与我们古人的生活有关系。远古时候，人类还不会建造房子。那他们如何居住呢？大概会有三种方式：

一种是找一个山崖，晚上住在山崖之上，这样就可以避免猛兽晚上侵扰。在古文字里，（隶作“厂”，读作 hàn）就是山边岩石突出覆盖处，人可以居住的地方。

一种是在树上建一个鸟巢一样的房子，晚上住在里面。在古文字里，就表达这个意思。就是“栖息”的“栖”，有居住、寄居的意思。比如，《史记·苏秦列传》里面说：“越王句践栖于会稽。”最早教会人们在树上建房子的那个人，也是古代的一位圣人，名叫有巢氏。《韩非子·五蠹》记载：“上古之世，人民少而禽兽众，人民不胜禽兽虫蛇。有圣人作，构木为巢，以避群害，而民悦之，使王天下，号之曰有巢氏。”

还有一种，也是最主要的一种——找一个山洞或者地穴来居住。山洞或者地穴在古文字中的字形就是∩，也就是我们今天说的宝盖头。

人最早的三种居住形式，说明远古之人是居无定所的。到后来，有了初步的农业，要耕地、播种、浇水、收获等，需要一个相对稳定的居住的地方。只是，那个时候虽然种粮食，但粮食收获极少，人经常处于挨饿的状态。这种情况即使到战国时期也没有多少改观，所以孟子说：“乐岁终身苦，凶年不免于死亡。”（《孟子·梁惠王上》）人没有足够的粮食吃，就要寻找其他食物，否则不可能在某个地方固定地居住下来，于是就有了对动物的驯养。最早被人类驯化的动物就有猪。因为猪便于饲养，又能给人提供质好量大的肉食，从而弥补了粮食的不足，人有了安居的可能，于是家里养猪就成了人稳定居住的标志。这就是“家”里不是住着一个人，而是有一头猪的原因。

家是人最初安居的温暖记忆，家庭是我们人生的驿站，父母是孩子最早的老师。

我们前面讲过，孟子的父亲在孟子三四岁的时候就去世了，他是在母亲的教育下成长起来的。

说到母亲，我们看一看在古文字里，母亲是怎样的形象，又有着怎样的一生。

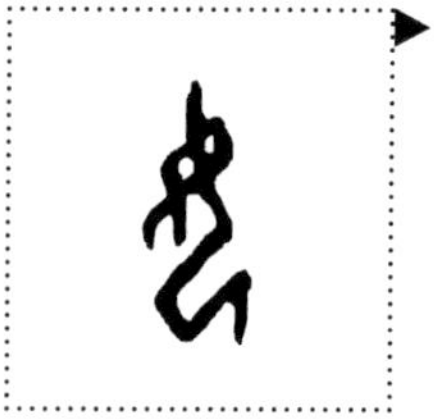

甲骨文是“男女”的“女”，描绘的是一位双手自然交叉在胸前、半跪着的侧面女子形象，姿势非常柔美。

古代的女孩子到了十五岁的时候，要举行一个隆重的仪式——加笄礼，就是把女孩子的头发盘起来插上发簪，表示女孩子已经到了适婚的年龄。

甲骨文就是“妻子”的“妻”，金文写作，描绘的是加笄后的女孩子被一只男人的手抓着辫子抢跑了，做了人家的妻子。

“妻”字的造字原理和古人抢婚的风俗有关系。在母系社会，人类处于混乱群居的状态，人只知其母，不知其父，女性有崇高的社会地位。后来，因为生理上的先天性优势，男子在生产劳动中的地位快速上升。男性创造大量的物质财富，并产生了对物质财富的占有欲，这个时候，男性就开始抢夺女性的权力，典型的做法就是把女孩子抢到自己家里，做自己的妻子。从这一刻起，女性、男性的社会地位就发生了翻转，人类逐渐进入父系社会了。

女子成为人家的妻子，接下来就是怀孕。

甲骨文就是“身体”的“身”，字形像女人怀孕了，而且是刚刚怀孕，孩子在母亲的腹内只是一个小圆点，还没有成形。

怀孕之后就要生育。

育，甲骨文写作，十分形象地描绘了女子生孩子的那一瞬间：孩子头朝下，腿朝上，身上还滴着羊水。

女子生了孩子以后就成了母亲。

就是“母”。在（女）的胸前点上两个点，代表哺育孩子的乳房——哺育孩子就是母亲了。

由女孩变成母亲，女性一生的辛苦才刚刚开始。

保，甲骨文写作，金文写作。甲骨文“保”描绘的是一位母亲背着孩子的形象；金文的刻画更加形象：一位母亲，还画出她的一只脚，表示她的行动非常辛苦。为什么辛苦呢？因为她背着自己的孩子。母亲非常辛苦地背着自己的孩子，呵护孩子的成长，这就是“保”。“保”的本义是负子于背，引申为养育、守护、保佑等。

、、、、、，从一个少女到加笄，然后成为别人的妻子，再到怀孕、生孩子、养育孩子，这就是母亲的一生在古汉字里面的完整表现。

一生的辛苦，让每一个具备完整人生的女人都成了这天地间

伟大的圣人——母亲。

中山大学教授、孟子研究院特聘专家杨海文先生，曾经写过一篇文章《孟母教子：从故事到传统》，其中记录了一段鲜为人知的往事：

> 1923年旧历二月二日，时值孟子诞辰日。邹城开了一个盛况空前的妇女大会，据说参加者有上万人。她们倡议把孟母当作整个中国妇女的杰出代表，而且用了一个词——亦是笔者在孟子学文献中第一次所见——把孟母称作“女圣人”。原文是这样说的：“孟母为肇启亚圣之女圣人，三迁教子，七篇传家，尤足为万世女范。”[1]

母亲，是这天地间伟大的圣人；孟母，是这天地间母亲最优秀的代表。

孟庙启圣殿后面就是祭祀、供奉孟母的启圣寝殿。殿前有一块碑，立于明万历十八年（1590），巡按山东

[1] 杨海文：《孟母教子：从故事到传统》，《光明日报》2017年6月17日，第11版。

监察御史钟化民、兖州府知府易登瀛、邹县知县王自谨三人共立。上面有一段简短而庄严的碑文：

子之圣即母之圣，
妻之圣即夫之圣。
不有三迁之教，
孰开浩然之圣？
人生教子，志在青紫。
夫人教子，志在孔子。
古今以来，一人而已。
为丈夫者，瞻对慈颜，
安可不奋然独往，
必求至于孔子！

古代的官服以颜色区分官位的高低。“人生教子，志在青紫”，就是一般的人培养孩了，都想让孩子去做官。但是“夫人教子，志在孔子”，所以“古今以来，一人而已”。这块碑的西北侧，还有一块“母教一人”碑，它们之间的内容是相关联的，都是对孟母教子的肯定与赞扬。

孟母三迁

我们要寻找孟子的童年，来看一看他小时候是怎么生活的，我想主要就是让大家重温孟母教子的故事，看一看孟母是如何教育孟子的。孟母教子的故事有许多，我们这里主要讲孟母三迁教子的故事。

我们今天能够见到的，最早讲孟母三迁教子故事的是汉代刘向校编的《列女传》。刘向（约前 77—前 6）出身汉代皇族，是汉楚元王刘交的四世孙，西汉著名的经学家、目录学家、文学家。汉成帝的时候，刘向受命参与校阅皇家藏书，每校完一部书，便写一篇有关这部书的提要，内容大致包括著者生平、书名释义、著书原委、学术源流、思想价值等方面，最后编了一部《别录》。《别录》是我国第一部有书名、有解题的综合性分类目录书，涉及图书 603 家，共计 13219 卷。刘向之前许多书的原书都失传了，因为有了《别录》，我们才得以管窥一斑。

有了《别录》的基础，刘向顺理成章又做了另外一项极有意义的工作，那就是采集汉代以前的史实和传说，借题倡导儒家的政治思想和道德观念，编写了《新序》

《说苑》《列女传》等。

《列女传》共有7卷，记录了上古到西汉一百多位有通才卓识、奇节异行的女子。唐代徐坚等编的《初学记》引《七略别录》：

> 臣向与黄门侍郎歆所校《烈（列）女传》，种类相从为七篇，以著祸福荣辱之效，是非得失之分，画之于屏风四堵。

可见《列女传》在刘向时已有成书，已有定名，刘向是“得读而校之”。我们常常说古人可能有点重男轻女的倾向，但是至少在西汉刘向之前，就有专门为女子编写的《列女传》，这非常不容易，非常了不起。

《列女传》的第一卷是《母仪传》，共14章，记载了17位母亲的事迹，其中就有孟母三迁教子的故事。我们来看一看原文：

邹孟轲母

> 邹孟轲之母也，号孟母。其舍近墓。孟子之少也，嬉游为墓间之事，踊跃筑埋。孟母曰：“此非

吾所以居处子。”乃去，舍市傍。其嬉戏为贾人衒卖之事。孟母又曰：“此非吾所以居处子也。”复徙，舍学宫之傍。其嬉游乃设俎豆揖让进退。孟母曰：“真可以居吾子矣。”遂居之。及孟子长，学六艺，卒成大儒之名。君子谓孟母善以渐化。《诗》云：“彼姝者子，何以予之？”此之谓也。

文字不长，我们分五个部分简单解读一下。

第一部分：“邹孟轲之母也，号孟母。”孟母是谁呢？是邹国孟轲的母亲，大家尊称她为孟母。

第二部分：“其舍近墓。”孟子的家靠近一片墓地。“孟子之少也，嬉游为墓间之事，踊跃筑埋。”因为家靠近一片墓地，孟子小的时候就经常看到发丧埋死人的场景，于是他模仿大人，在那里玩埋死人的游戏，而且玩得很高兴。“孟母曰：‘此非吾所以居处子。’”孟母说，这个地方不适合我的孩子居住。

第三部分：“乃去，舍市傍。”于是孟母决定搬家，搬到一个集市的旁边。到了集市的旁边，“其嬉戏为贾人衒卖之事”，孟子又学着商人吆喝卖东西。“孟母又曰：‘此非吾所以居处子也。’”孟母看到了之后，感觉这个地方也不是教育孩子的理想处所。

第四部分："复徙，舍学宫之傍。"孟母就再一次搬家，这一次搬到了学宫的旁边。"其嬉游乃设俎豆揖让进退。"因为来到学宫的旁边，孟子的游戏不再是玩埋死人，也不是吆喝卖东西，而是摆上供案学习礼节了。"孟母曰：'真可以居吾子矣。'遂居之。"孟母一看这个地方太好了，是个培养孩子的好地方，于是就在这里居住了下来。

第五部分："及孟子长，学六艺，卒成大儒之名。"后来孟子长大，学成六艺，终于成为一代大儒。"君子谓孟母善以渐化。《诗》云：'彼姝者子，何以予之？'此之谓也。"有教养的人称赞孟母善于用逐渐感染教化的方法。《诗经》里说："那位美好的贤人，该怎么来称誉他呢？"说的就是这种情况。

这就是刘向《列女传》记载的孟母三迁教子的故事。

过去在讲这个故事的时候，大家都会说客观环境对孩子的成长有影响。但客观环境对于孩子到底有什么样的影响？每一个居住地周围的环境，到底影响了孟子什么？关于这个更深层次的问题，我做了一点思考。

其舍近墓

其舍近墓。孟子之少也，
嬉游为墓间之事，踊跃筑埋。

孟子看到大人在墓地里埋葬死人，他就学习大人的样子，做埋葬死人的游戏，而且玩得非常高兴。孟母说，这个地方不适合培养孩子。为什么孟母说这个地方不适合培养孩子？它又如何不利于孟子的成长呢？

我们来看一个字：。

这个字就是“仁”。《说文解字》：“仁，亲也。从人，从二。”本义是对人友善、相亲。

这个字形为什么可以表达人和人之间相亲的意思呢？我们先看几个有关两个人之间关系的古文字：

是“跟从”的“从”。一

个人在前面走，另外一个人在后面跟随。

把这个字翻转过来，还是一个人在前，一个人在后，变成了。

这是什么字呢？这是“比赛”的“比”，你在前面跑，我在后面追。

还有一个字，也是关于两个人关系的：。

一个人向左，一个人向右，这个字就是我们今天说的“东西南北”的“北”。但它最初不是表示方位的“北”，而是人后背的“背”，从两个人背靠着背会意。后来才假借为“东西南北”的“北”。因为久借不归，后人便在的下面增加“肉”旁，另造“背”字以表示“后背”之“背”，字就专门表示“南北”

之“北”。

关于人与人之间关系的汉字还有许多。有句俗话叫“两个人好得像一个人一样”，如果让大家造一个字，表达出“两个人好得像一个人一样”的意思，如何造呢？好像很困难吧？古人似乎比我们更有智慧，他们用一个加上一个 = 就解决了。=是重复号。表示这不是一个人，而是两个人，两个人完全重叠在一起，好得像一个人一样。如此一来，就可以表达人和人之间的“亲”了。

“仁”在儒家思想中极为重要。在孔子那里，“仁”超越一切特定德目，又统摄一切德目，是全德之名。当然，仁的最本质的内涵如孔子所说是“爱人”。作为儒家学派的创始人，孔子是如何展现他的仁爱之心的呢？我们来体味一下：

子于是日哭，则不歌。（《论语·述而》）

“子于是日哭”的“哭”，不是我们今天说的不高兴、难过时哭几声的“哭”，而是特指哭丧的“哭”。

孔子今天去哭丧，回来以后就不再歌唱了。

为什么孔子这一天到别人家吊丧回来以后就不再歌唱了呢？每日的歌唱对于孔子有什么特殊意义吗？

我把古代文献中关于孔子唱歌的记录作了一个简单收集，梳理出三个有关孔子歌唱的故事。我们现在就通过这三个故事，来看一看每日的唱歌对于孔子到底具有什么样的特殊意义，进而从这一侧面看一看孔子是如何展现他的仁爱之心的。

第一个故事：

> 子与人歌而善，必使反之，而后和之。（《论语·述而》）

孔子与别人一起唱歌，别人唱得好，“歌而善”，孔子“必使反之”，一定请别人再唱一遍，“而后和之”，然后跟着别人学习。

唱歌是孔子对于真、善、美的不懈追求。

第二个故事：

> 孔子之宋，匡简子将杀阳虎，孔子似之。甲士以围孔子之舍，子路怒，奋戟将下斗。孔子止之，

曰："何仁义之不免俗也？夫《诗》《书》之不习，礼、乐之不修也，是丘之过也。若似阳虎，则非丘之罪也，命也夫。由歌，予和汝。"子路歌，孔子和之，三终而甲罢。（《说苑·杂言》）

有一次孔子带着学生路过宋国，宋国的士兵突然把他们师徒住的地方围了起来。为什么围他们呢？这里有一个有趣的背景。孔子有个一辈子的对头——鲁国的阳虎。阳虎最早是鲁国季氏的看门人，后来执掌了鲁国的朝政。命运最捉弄人的是，孔子和阳虎是一辈子的对头，但两个人竟然长得非常像。阳虎曾经带兵在宋国危害过老百姓，宋国人对阳虎痛恨至极，看到孔子，还以为是阳虎来了，所以士兵一下子就把孔子师徒围了起来。孔子那位非常勇敢的学生子路，一看宋人围了上来，大怒，抄起兵器就要和宋人拚斗。孔子看见了连忙制止他，说："子路啊，怎么讲求仁义的人也不能免俗，这么好斗呢？不学习《诗》《书》，不研习礼、乐，这是我孔丘的过错，如果仅仅因为我与阳虎长得像而被围困，这是天意，你不用这么着急和别人打仗。"他们被宋人围困着，不打仗怎么解围呢？孔子有办法，"由歌，予和汝"。孔子说："子路你唱歌，我跟着你唱。""子路歌"，于是子路唱起歌来，孔子也跟着唱。效果怎么样呢？效果非常好！"三终而甲罢"，孔子师徒三首歌唱完，再看宋国的士兵——撤走了。

唱歌是孔子教化人心的法宝。

这个故事，后来还有一点有趣的变化。《史记三家注》《北堂书钞》《明七子诗选注》等在引述这段故事的时候，都把"子路歌"改成了"子路弹剑而歌"。几个字之差，味道大不相同。危难之中弹剑而歌，想想都让人神往！"子路弹剑而歌"或许不是真实的记录，却能让我们更好地了解孔门师徒的风范，这大概就是文学艺术的价值所在吧。

第三个故事：

> 孔子蚤作，负手曳杖，消摇于门，歌曰："泰山其颓乎？梁木其坏乎？哲人其萎乎？"既歌而入，当户而坐。子贡闻之，曰："泰山其颓，则吾将安仰？梁木其坏，哲人其萎，则吾将安放？夫子殆将病也。"遂趋而入。夫子曰："赐，尔来何迟也！"（《礼记·檀弓上》）

这一次唱歌的故事发生在孔子的晚年。有一天，孔子一早起来，背着双手，拖着手杖，在门口来回漫步，嘴里轻轻地唱道："泰山就要倾倒了吗？支撑房屋的梁木就要毁坏了吗？伟大的哲人就要死去了吗？"有人把孔子唱的歌学给他的学生子贡听，子贡听了立刻就说："如果泰山崩塌了，我们还能仰望什么呢？如果梁木毁坏了，如果哲人死去了，我们还能依靠谁呢？坏了，我的老师病了。"子贡急急忙忙从外面赶往老师的家。一到大门口，孔子就看见了，说："子贡，你为什么到现在才来呀！"

每日的唱歌，也是孔子晚年道不行于天下的寂寞吧！

通过这样的梳理，我们可以看到，唱歌在孔子生命当中确实具有特殊的意义。

现在我们再回过头来看"子于是日哭，则不歌"，是不是有了不一样的感受？孔子为什么这一天到朋友家里吊丧之后，就不做他生命当中具有特殊意义的事情了呢？因为他看到朋友家失去了亲人，朋友处在痛苦当中，他因为朋友的痛苦而感到痛苦，所以这一天就没有兴致唱歌了。这是儒者仁爱之心的体现。

仁是天赋予人的道德之性。仁者爱人，是从血缘亲情培养发展出来的对人的一般意义的爱，从政治学的角度来说就是爱民，从社会学的角度来说就是爱他人。

仁爱之心的修养，对我们人来说非常重要。因为有了仁爱之心，才能以我之心度他人之腹，才能感受他人之欢乐与痛苦，乐人之乐，忧人之忧，才能“己欲立而立人，己欲达而达人”“己所不欲，勿施于人”。从大的方面说，有了仁爱之心，人与己的对立便不复存在，人与己的关系由此而融洽，社会由此而和谐，人类由此而文明；从小的方面说，有了仁爱之心，人才能建立良好的人际关系，获得他人更多的关心与支持，拥有更多的资源和平台，才更有可能取得事业的成功和人生的幸福。

为什么孟母说“近墓”之处不适宜孟子居住呢？因为孟子“嬉游为墓间之事，踊跃筑埋”。孟子那时还很小，还不能体会到他人失去亲人的痛苦，他只是感觉到埋死人的游戏很好玩，而且他玩得很高兴。把令他人痛苦的事当作好玩的事，这样长大了会很容易失去仁爱之心、同情之心。

孟母不愧为千古母教第一人，她不仅感受到环境对孩子的影响，而且深刻地认识到仁爱之心对于人之为人的可贵。

培养孩子的仁爱之心，孟母给我们做出了示范。非常遗憾，这样重要的对子女的教育，被今天的我们漫不经心地忽视了。我们往往不太重视对孩子仁爱之心的培养，以为那是虚的甚至是虚伪的东西，我们只关心孩子能考多少分，以后能不能考上清华、北大那样的大学，结果是我们自己把孩子引向了歧途。

据《看看新闻》报道，浙江义乌某奶茶店门口，买奶茶的人太多了，排着长长的队，一女孩跟着爷爷也来买奶茶，孙女要排队，爷爷却要插队，营业员不愿意为其点单，爷爷就迁怒于孙女，伸手打向孙女的后脑勺，并且把孙女拉走，一边走一边仍在打。

女孩要排队的行为无疑是值得肯定的，而爷爷的行为则太令人失望。

人有鸡犬放，则知求之；有放心而不知求。学问之道无他，求其放心而已矣。（《孟子·告子上》）

孟子说，你家里有鸡、狗丢失了，都知道把它找回来，但是你的良心丢失了，却不知道把它找回来。什么是学问之道呢？学问之道也没有什么特别的，就是把自己放失的良心找回来。

这里面有一个“放”字，“放”是什么意思呢？大家看它的金文字形：。

“放”是会意兼形声字。右边的（攴）象一只手拿着刑杖，攴隶变后省作攵；左边的（方）象一个戴着枷锁的人。会意一个公差手里拿着棍棒，把罪犯驱逐、流放到远方。《说文解字》：“放，逐也。”本义为流放、驱逐，引申为放失、丢失等。

放失的良心一定要寻找回来，孩子的仁爱之心一定要培养好！培养孩子的仁爱之心，应该从什么地方开始？

孝弟也者，其为仁之本与！（《论语·学而》）

孝敬父母、尊敬兄长，这就是培养仁爱之心的开始。

孔子讲，“子生三年，然后免于父母之怀”。我们每一个人都是这样，从出生到三岁之前，自己不会走路，或者走不好路，大多数时光在父母怀抱中度过。所以，父母去世之后，我们要守孝三年，来回报父母的养育之恩。这种对父母的感恩，就是孝道，就是我们培养仁爱之心的开始。一个孩子，一定要从家里面，从小的时候学习如何孝敬老人。当然，儒家的仁爱之心，不能仅仅局限于孝敬自己的父母，尊敬自己的兄长，儒家讲要推己及人——“老吾老以及人之老，幼吾幼以及人之幼”，由爱自己的父母推及爱他人的父母，由爱自己的孩子推及爱他人的孩子。儒家的伟大也正在于此，它教导我们每一个人都要将血缘亲情推扩开来，使其变成一种人间的大爱。胸怀这样一颗大爱之心，你就是一个具有了仁爱之心的人，你就成了一个文质彬彬的君子。

重视仁德，培养孩子的仁爱之心，这是孟母搬离“近墓”之舍带给我们的启示。

舍市傍

乃去，舍市傍。其嬉戏为贾人衒卖之事。孟母又曰：“此非吾所以居处子也。”

“乃去，舍市傍。”孟母把家搬到集市的旁边。孟子是个好学的孩子，到了一个新的地方，看到商人在那里叫卖东西，他又开始学习商人“衒卖之事”。孟母看到以后说，“此非吾所以居处子也”，这个地方不好，不适合我孩子的成长。

“舍市傍”为什么不好？对孟子的成长有什么不好的影响？我们再来看一个字：。

是祭祀的神龛。神龛里有两个祭祀用的案几，是放在案

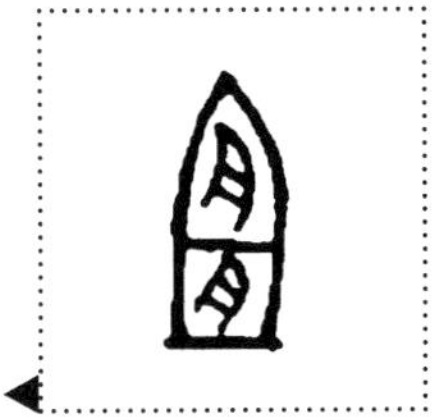

几上的祭肉。这个字就是我们今天说的“宜”，象两块祭肉在祭案上，本义或是祭祀的名称，引申为适宜、相称、应当、合情、合理、合法等意思。

宜，为什么有这样的引申义呢？这和古人祭祀之后的一项活动有关系。古人称祭祀的肉为胙肉，按照礼的规定，祭祀之后要把胙肉分给参加祭祀的人。如何分呢？按照参加祭祀之人的身份分。分胙肉是一件严肃的大事，它有很深的含义：人祭祀天地、祖先，是想要得到天地、祖先的保佑、赐福，分胙肉就是能够得到天地、祖先保佑、赐福的象征。所以，分胙肉也被古人称为“散福”。既然分胙肉如此重要，那就要有专门的人按照参加祭祀之人的身份，将胙肉分得适宜、相称。这就是“宜”有适宜、相称等引申义的原因。

《啸亭续录·贵臣之训》就有这样的记载：

> 定例：坤宁宫祭神胙肉，皆赐侍卫分食，以代朝餐，盖古散福之义。

分胙肉除了有散福之意，它还涉及君臣之礼。孔子当年在鲁国过得不太顺心，最后离开鲁国，到了卫国。他离开鲁国到卫国的一个主要借口就与分胙肉这件事有关。

《史记·孔子世家》记载：

> 桓子卒受齐女乐，三日不听政；郊，又不致膰俎于大夫。孔子遂行，宿乎屯。

膰俎，本义是盛膰肉的祭器，借指胙肉。

《东周列国志》第七十九回把这件事编写得更生动有趣：

> 话说齐侯自会夹谷归后，晏婴病卒，景公哀泣数日，正忧朝中之人，复闻孔子相鲁，鲁国大治，惊曰："鲁相孔子必霸，霸必争地，齐为近邻，恐祸之先及，奈何？"大夫黎弥进曰："君患孔子之用，何不沮之？"景公曰："鲁方任以国政，岂吾所能沮乎？"黎弥曰："臣闻治安之后，骄逸必生。请盛饰女乐，以遗鲁君，鲁君幸而受之，必然怠于政事，而疏孔子。孔子见疏，必弃鲁而适他国，君

可安枕而卧矣。”景公大悦，即命黎弥于女闾之中，择其貌美年二十以内者，共八十人，分为十队，各衣锦绣，教之歌舞。其舞曲名《康乐》，声容皆出新制，备态极妍，前所未有。教习已成，又用良马一百二十匹，金勒雕鞍，毛色各别，望之如锦，使人致献鲁侯。

…………

定公与季斯新得女乐，各自受用，日则歌舞，夜则枕席，一连三日，不去视朝听政。

孔子闻知此事，凄然长叹。时弟子仲子路在侧，进曰：“鲁君怠于政事，夫子可以行矣。”孔子曰：“郊祭已近，倘大礼不废，国犹可为也。”

及祭之期，定公行礼方毕，即便回宫，仍不视朝，并胙肉亦无心分给。主胙者叩宫门请命，定公诿之季孙，季孙又诿之家臣。孔子从祭而归，至晚，不见胙肉颁到，乃告子路曰：“吾道不行，命也夫！”乃援琴而歌曰：“彼妇之口，可以出走。彼女之谒，可以死败。优哉游哉，聊以卒岁！”歌毕，遂束装去鲁。子路、冉有亦弃官从孔子而行。自此鲁国复衰。

孔子是讲礼的人，坚守“君使臣以礼，臣事君以忠”的做官原则。郊祭之后，定公还是沉湎于女色，没有按礼的规定分胙肉给孔子，这就叫君不使臣以礼。君不使臣以礼，那臣就不能事君以忠，孔子这个时候就决意离开鲁国到卫国去了。

《释名·释言语》：“义，宜也。裁制事物使合宜也。”义的主要内容，或者说义的主要要求，就是做人做事要合情合理合法。“以道事君，不可则止。”儒家做官不是仅仅为了俸禄，而是要弘扬道。如果君王不能按“道”去做事情，那就辞官不做，这是儒家不可动摇的为官原则。孔子说，吃粗粮喝白开水，弯着胳膊当枕头，那也乐在其中。如果用不正当的手段去换取富贵，那这个富贵在我眼里就像浮云一样，没有任何价值。

知道了儒家对于道义的坚守，我们回过头来再看，孟母为什么要搬家？因为孟子学习那些商人“衒卖之事”。

什么叫“衒卖”呢？一般的词典将其解释为“沿街叫卖”，其实是不太准确的。我们先来看看“衒”字：。

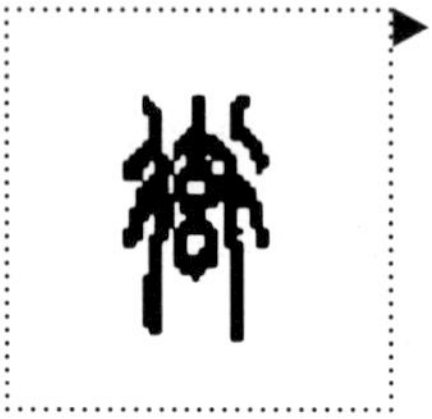

“衒”是会意字，从（行，道路的象形），从（弦的省文。弦是张于乐器上用以发声的丝线），会意沿街叫卖的吆喝声如同音乐的曲调、文辞那样优美。

衒卖暗含炫耀、夸示商品以迷惑消费者的意思。就像我们现在某些商家做广告一样，产品没有那么好，非要说得那么好，不值那么多钱，非要说值那么多钱——利用不正当的手段获取利益。

在孩子学习“衒卖”的时候，如果家长不注意引导，孩子慢慢就会变得唯利是图，为了利益不惜伤害他人，这就不符合儒家讲的义德。

长大以后的孟子曾经说过一段非常有趣且深刻的话。

孟子曰：“矢人岂不仁于函人哉？矢人唯恐不伤人，函人唯恐伤人。巫匠亦然。故术不可不慎也。”（《孟子·公孙丑上》）

孟子说：“矢人岂不仁于函人哉？”造箭的人难道比那个造铠甲的人更加不仁吗？“矢人唯恐不伤人，函人唯恐伤人。”造箭的人唯恐箭造得不锋利，不能伤人；造铠甲的人则唯恐铠甲造得不够坚固，怕伤着人。人都是具有善良本性的，为什么这两种人取舍不一样呢？因为他们从事的职业不一样。孟子接着又说，“巫匠亦然”。巫就是医生，匠就是造棺材的人。医生和造棺材的人也一样，医生为了获利，会想着如何把病人治好；造棺材的人为了获利，则会想着今天再多死几个人吧！医生和造棺材的人，为什么有不同的想法呢？因为从事的职业不一样，获取利益的方式不一样。由此会影响到人的仁爱之心、道义之心。“故术不可不慎也。”所以孟子说，选择职业不能不慎重。当然，孟子不是反对从事造箭和造棺材的职业，他是提醒我们，在谋利的时候不要伤及他人。

在孟子的人生态度里，大家是不是隐约看到孟母教育的影响呢？

大家知道，孟子的父亲很早就去世了，孟母一个人靠着织布来养活自己和儿子，可以想象，他们的生活应该很贫苦。但即使这样，孟母还是要搬家，可以看出她对孩子教育的重视程度。

重视义德，培养孩子做事讲求合情合理合法的习惯，这是孟母再次搬家带给我们的启示。

舍学宫之傍

复徙，舍学宫之傍。其嬉游乃设俎豆揖让进退。孟母曰："真可以居吾子矣。"遂居之。

孟母再一次搬家，"舍学宫之傍"，这一次来到了学宫的旁边。这时孟子"乃设俎豆揖让进退"，孟子把供案设好，放上祭品，开始学习礼仪了。孟母看在眼里喜在心头，说，"真可以居吾子矣"，这个地方太好了，这才是我儿子应该居住的地方。"遂居之"，就在学宫旁边住了下来。

学宫这个地方为什么对孟子的成长有好处？有什么好处？

我们先来解一个字：

席，甲骨文作，描绘的是席的形象。金文作，增加了表示房子的厂。“席”的本义指用芦苇、竹篾、蒲草等编成的供人坐卧铺垫的用具。《说文解字》：“席，籍也。”古人席地而坐，因此也称座次或席位为席。又引申指酒筵、筵席。

古人没有我们今天的板凳、椅子，他们都是“席地而坐”。但是古人的“席地而坐”和我们今天说的“席地而坐”不一样，我们今天说“席地而坐”是直接坐在地上，古人是先在地上铺一张席子，坐在席子上，这才叫“席地而坐”。

师冕见，及阶，子曰：“阶也。”及席，子曰：“席也。”皆坐，子告之曰：某在斯，某在斯。师冕出。子张问曰：“与师言之，道与？”子曰：“然，固相师之道也。”（《论语·卫灵公》）

孔子有一次约了几个朋友聚会，其中有一个人叫师冕。师，是乐师，冕是这个人的本名。古代乐官一般用盲人担任。盲人能成为音乐家是有原因的，因为人失去了眼睛，耳朵对音的辨识就变得相对发达，比一般人强许多。师冕来到孔子家，“及阶”，到了台阶处，孔子说：“这是台阶。”“及席”，到了坐席前，孔子说：“这是坐席。”“皆坐”，等大家都坐下来了，孔子又为师冕介绍在座的其他几位朋友：这个人坐在这里，那个人坐在那里。

在孔子与师冕接触的整个过程中，我们强烈感觉到孔子的彬彬有礼。有了孔子的提醒，师冕虽然眼睛看不见，行动却没有什么不方便。

孔子为什么对师冕那样彬彬有礼，关怀得无微不至呢？因为他心中有颗仁爱之心。仁是礼的真精神！有了此真精神，礼就可以让上下尊卑、亲疏远近和谐相处。这也是我们今天继承发展儒家“礼”的理由。

我们来了解一下“礼”的造字原理：

甲骨文写作。是一个祭器，祭器里的两串是祭品。《说文解字》：“礼，履也。所以事神致福也。”

有一次，我在上海金汇小学讲课，写到祭品的时候，有个小朋友举手说：糖葫芦！我说那个时候还没有糖葫芦。又有一个小朋友举手说：羊肉串！我说那个时候也没有羊肉串。大家不要小看这些小孩子的发言，他们这些想法，恰恰是我们古人造“礼”字的想法。

古人为什么要祭祀呢？因为感恩天地、感恩祖先，感恩他们赐予这一年的丰收，同时也祈祷他们继续保佑来年的丰收。有祈求，就应该先付出，付出最好的东西来表达诚心。小朋友们说糖葫芦、羊肉串，那恰恰是他们认为的最好的东西，这正符合古人造字的想法。构成“礼”字的祭品不是糖葫芦、羊肉串，而是粮食。

在距今一万年左右的时候，长江以北大部分地区主要的粮食作物是小米，也就是谷子。谷子成熟后，人们把谷穗割下来，放在祭器里祭祀天地、祖先。有学者认为“豊”（礼）与“豐”（丰）最初是一个字，这是有道理的，祭祀不就是为了丰收吗！西周以后的“礼”字，在豊上加了一个示旁，变成了禮。示的丅表示祭台，用两块石头，一块横着一块竖着搭起来。现在孟子故里东部山区，老百姓堂屋门外东侧就有这样的祭台，当地人叫“香台”。祭台上面的短横，表示刚刚宰杀好的动物的肉。因为是刚刚宰杀的肉，所以还滴着血，那就是祭台左右两个点。在汉字中，示部的字多与祭祀、神、吉祥等有关。

“礼，履也。所以事神致福也。”我们要祈祷天地、祈祷祖先赐福保佑我们，所以它是一件非常严肃的事情，严肃的事情往往讲究多。

在祭祀的时候谁是主祭，谁是助祭，如何进退，如何区分长幼尊卑，参加祭祀的人应该穿什么样的衣服、戴什么样的帽子，到了现场应该站在什么样的位置，敬献祭品时应该献什么样的祭品、旁边应该奏什么样的乐、跳什么样的舞，等等，都有一套严格的规范。这套规范就是礼，也就是我们今天说的“礼仪”。礼仪的规定与人的身份相匹配。

西周初年，周公把祭祀的这套“礼仪”与宗法制度结合起来，创立了礼乐制度。礼乐制度扩大了早期礼的内涵，使之包含了人生、信仰、制度、器物等各个层面的丰富内容。

对于人与人之间的关系，礼的作用主要体现在两方面：一个是讲区分，一个是讲和合。

礼讲区分可以让上下尊卑、亲疏远近有差别。每一个人在家庭、职场、社会上都有属于自己的角色；每一个人在不同的空间都有不同的角色。一个人只有知道自己当下是什么样的角色，才能做好应该做的事情，所以孔子讲，“不知礼，无以立”。

礼讲和合可以让上下尊卑、亲疏远近和谐相处。礼不能仅仅讲区分，一味地强调人和人之间的不同，那样会割裂人与人的关系，那样的礼会真的“吃人”。所以孔子还讲“礼之用，和为贵”。孔子之前的礼明显有“他律”的特征，孔子强调的礼是发自内心的“自律”，是仁的恰当的外在表达。强调仁是礼之本和礼的真精神，突出礼对人与人之间关系的和谐作用，是孔子对中华民族乃至全世界的伟大贡献。

仁是礼的精神内涵，礼是仁的恰当的外在表达。为了加深大家对这个枢要的印象，深化大家对这个枢要的理解，我们再来解一个字，听一听圣贤的教导：

素，金文写作。中间的表示被编织起来的丝线。两侧的、表示人的左右手。会意刚刚织好的没有染色的布，引申为本色。本色的布往往是白色的，所以“素”又引申为白色、空白等。

《论语》中有一章与“素”字有关：

子夏问曰："'巧笑倩兮，美目盼兮，素以为绚兮。'何谓也？"

子曰："绘事后素。"

曰："礼后乎？"

子曰："起予者商也，始可与言《诗》已矣。"（《论语·八佾》）

今天通行的《诗·卫风·硕人》有"巧笑倩兮，美目盼兮"，但没有"素以为绚兮"。子夏读的《诗经》与我们看到的《诗经》不完全一样。

在生活中我们经常会遇到不会夸奖人的人，比如，看到人家穿的衣服好看，就说"你的衣服真好看"，会夸奖人的人则说"这件衣服穿在你身上真好看"。"巧笑倩兮，美目盼兮，素以为绚兮"就是会夸奖人的人说的：看那个女孩子呀，她微微含笑时露出的小酒窝是那么漂亮，她左顾右盼的眼神是那么迷人，就连她身上素色的衣服，也显得那么绚丽多彩！

诗句非常优美，意思也非常浅显，子夏却问老师："何谓也？"好像不明白这三句诗的意思。子夏真的不明白吗？孔子有十大门徒，号称"孔门十哲"，他们是德行科的优等生颜渊、闵子骞、冉伯牛、仲弓；言语科的优等生宰我、子贡；政事科的优等生冉有、子路；文学科的优等生子游、子夏。作为文学科优等生的子夏怎么会不理解这几句诗的意思呢？显然，他是从诗句中体悟到更深层次的蕴意了。这是好学生经常干的事——给老师“挖坑”。

孔子对自己的弟子很了解，自然也意识到了子夏不是不懂诗句的意思，而是有更深层次的理解，他在给老师“挖坑”。所以，孔子没有按诗句的字面意思去回答，他跳过子夏挖的“坑”，回答了四个好像八竿子打不着的字：“绘事后素”。

古时候没有纸，画画要画在素色的绢布上，绢布是画的载体，这就叫“绘事后素”。

孔子的解释其实是很恰当很巧妙的——绢布是画的载体，画的好看首先是因为有好的绢布，正如素色衣服之所以绚烂多彩是因为穿在了美人身上。

令孔子没有想到的是，自己还是掉“坑”里了！学生子夏的思考深刻而跳跃：“礼后乎？”由“素以为绚兮”一下子联想到礼！礼在谁之后呢？礼后于仁爱之心！人之所以彬彬有礼，是因为人有内在的仁爱之心呀！

这就立刻“高大上”了！让一时只想着素衣美人和绢布绘画的孔子惊叹不已：“起予者商也，始可与言《诗》已矣。”子夏啊，你启发了我，让我增长见识了，以后我们爷俩可以多谈谈《诗》了。

《论语》中的孔子和他的弟子们，不是一天到晚绷着脸讲大道理，而是充满着生活气息，时刻让人感受到生命的活泼、智慧的灵动和人格的高尚。

聊了这些之后，我们再回头看看孟母三迁的最后一迁：

复徙舍学宫之傍。其嬉游乃设俎豆揖让进退。孟母曰：“真可以居吾子矣。”遂居之。

大家是不是有了更深一层的体悟呢？

重视礼德，培养孩子彬彬有礼，与他人友好相处，这是孟母再次搬家带给我们的启示。

及孟子长，学六艺，卒成大儒之名。君子谓孟母善以渐化。《诗》云：“彼姝者子，何以予之？”

此之谓也。

孟子长大后，学成六艺，终于成就了儒学大师之名。有教养的人称赞孟母善于用逐渐感染教化的方法。《诗经》里说："那位美好的贤人，该怎么来称誉他呢？"说的就是这种情况。

孟母决定在学宫旁住下来，也许还有一层想法文本中没有表达出来——孟子在这里不仅会学习礼，还会学习知识，也就是"智"。

智或知识有两个基本的层面，一是认知性的，一是道德性的。儒家非常强调知识的道德性的层面。清代的王夫之在《读四书大全说》中说：

知字，大端在是非上说。人有人之是非，事有事之是非，而人与事之是非，心里直下分明，只此是智。

梳理孟母三迁的故事，我们可以得出这样的结论：孟母的每一次搬家都是在引导孟子对仁义礼智的不断追求。

这一点太可贵了！因为有了孟母这样的教育，才有孟子后来的伟大人生！

孟母姓什么，到今天我们也不知道。有人说她姓仉，有人说她姓李，但都没有确凿的证据。至于她叫什么名字，那就更没人知道了。但是这些丝毫不影响孟母的伟大。孟母无愧于“母教一人”的尊号，我们应该好好向她学习。

“仁者爱人，有礼者敬人。爱人者，人恒爱之；敬人者，人恒敬之。”（《孟子·离娄下》）对于孩子的道德教育，不是一件可有可无的事情，它决定着孩子的人生是否能成功、是否能幸福。

刘向说过一段话：

> 万物得其本者生，百事得其道者成。道之所在，天下归之；德之所在，天下贵之；仁之所在，天下爱之；义之所在，天下畏之。（《说苑·谈丛》）

大家想一想，如果我们能够像孟母那样教育自己的孩子，让他讲求仁义礼智，那么就会“道之所在，天下归之”“德之所在，天下贵之”“仁之所在，天下爱之”“义之所在，天下畏之”。有了周围人的信服、尊重、热爱、敬畏，孩子自然拥有了更多成功的机会。所以，即使出于世俗、功利的目的，我们也应该像孟母那样培养我们的孩子，帮助他们树立起仁义礼智的道德品格。

《论语》教子金句

邹鲁之地是孔子曾经长期生活的地方，孔子的三千弟子中绝大部分人也在这个地方传经布道。孟母当年应该也是深受孔子思想影响的，“人生教子，志在青紫。夫人教子，志在孔子”并非后人的杜撰。下面我把《论语》中关于教子的十二个金句提炼出来，分享给大家。将孟母三迁的故事与这十二个教子金句结合起来，可能会给大家带来更多的启发，起到一加一大于二的功效。

1. 人是有差异的

> 子曰：“射不主皮，为力不同科，古之道也。”（《论语·八佾》）

孔子说："比较射箭的技巧，不注重是否射穿箭靶中心的皮革，因为每个人体力大小不同，这是古来的道理呀！"

古人在进行乡射礼的时候，先张开一块布，这块布叫"侯"，也就是箭靶子。"侯"的中心位置还要贴上一块兽皮，熊皮、虎皮或豹皮都行，这块兽皮就叫"鹄"。比射箭当然要强调准头，射得同样准，还有"中"与"贯"的区别，"中"是射中鹄，"贯"是射穿箭靶子。"射不主皮"是说比射箭，不是看是否射穿了箭靶子，而是看是否射中箭靶子中心的鹄。为什么呢？因为人和人的力量大小是不一样的。

除了力量方面的差异，人与人天生素质的不同还有很多。所以，每一个孩子都是唯一的，你的孩子永远和别人家的孩子不一样。

作为家长，不要一天到晚把自己的孩子与别人家的孩子作比较，不能一看到邻居家的孩子学书法了，你心里就开始七上八下，也不管自己的孩子喜不喜欢，赶快给孩子报一个书法班；一看到邻居家的孩子学跆拳道了，也不管自己的孩子乐不乐意，又立刻报一个跆拳道班。报来报去，最后发现周六、周日两天的时间，孩子有五六个兴趣班要上！无节制的、不考虑孩子意愿的课外兴趣班、补习班，让孩子陷入极度的疲惫之中，给孩子带来无尽的压力与烦恼，从而使孩子在无尽的压力与烦恼中一天天厌恶学习。作为家长，一定要注意观察自己的孩子与别人的孩子有什么不同，发现他的长处，培养他的长处，这是我们学习“射不主皮”章之后应该明白的道理。

2. 犯错误是孩子的权利

> 哀公问：“弟子孰为好学？”孔子对曰：“有颜回者好学，不迁怒，不贰过。不幸短命死矣，今也则亡，未闻好学者也。”（《论语·雍也》）

鲁哀公问孔子：“弟子孰为好学？”你的学生当中谁可以称得上是好学的学生呀？孔子回答：“有颜回者好学。”我有一个好学的学生，他就是颜回，可惜已经死了。孔子有三千弟子，其中贤者就有七十二人，后来还有几位成了圣人，但是提到好学，孔子只说颜回好学。颜回怎么好学呢？孔子给好学的学生定了一个标准——“不迁怒，不贰过”。有了错误不找客观理由，不埋怨他人，而是先从自身找原因，这叫“不迁怒”；有了错误，家长、老师、同学们指出来了，就立刻改正，不再犯相同的错误，这叫“不贰过”。这与我们今天给好学的学生定的标准不一样。今天的好学生，平时考试要考高分，高考要考上重点大学。我们只关注考试成绩，孔子却首先关注德行，这就是我们与圣人的差距，也是我们今天的教育存在的最重要的问题。

“不迁怒”说的是面对错误时的态度；“不贰过”说的是改正错误的行动结果。显然，错误是可以犯的，从某种意义上来说，人的成长过程就是不断改正错误的过程，犯错误是孩子成长的重要节点、时机，犯错误是孩子的权利！家长的责任绝不是不让孩子犯错误。如果你非要让自己的孩子什么错误都不犯，不仅不可能，反而会剥夺孩子成长的权利。家长的责任应该是提醒、帮助、督导孩子不要一而再、再而三地犯同样的错误。

3. 知错就要立即改

子曰：“过而不改，是谓过矣！”（《论语·卫

灵公》)

孔子说："有了过错却不改，这才是真的过错！"

犯错误是孩子的权利，但并不是说家长可以不管孩子的过错，更不是说孩子有了过错不需要改正。有了过错，孩子自己知道了，并且立刻改正了，那就不叫过错；有了过错，自己明明知道，却找各种理由推脱，文过饰非，就是不改正，这才叫过错。请家长一定记住，在孩子第一次犯错之后，就要及时给予提醒、帮助及督导，不要让孩子养成一而再、再而三犯同样错误的毛病。如果开始不重视，等到毛病已经形成才想起来管教孩子，才想起来要改正错误，那就晚了。

4. 改错的秘方

曾子曰："吾日三省吾身：为人谋而不忠乎？与朋友交而不信乎？传不习乎？"(《论语·学而》)

曾子说："我每天多次反省我自己：为人谋事有不尽心的地方吗？与朋友交往有不诚信的地方吗？老师传授我的学业有不践习的地方吗？"

三省，有人说是三次省察，有人说是省察三事。其实，“三”不是确指，而是约数，可以是多次、多事。“事”也不仅仅指“为人谋而不忠乎？与朋友交而不信乎？传不习乎？”这三件。《荀子·劝学》中说：“君子博学而日参省乎己，则知明而行无过矣。”培养孩子自我反省的能力，是改错的秘方。

今天的家长，对孩子期望值都很高，要求自然也很严。这没有什么不好，但是不要简单粗暴地管孩子。管孩子需要耐心，更需要智慧、方法。管孩子要学会积极帮助孩子分析错在什么地方、为什么会犯错，引导孩子自觉反省，而不是每一次都简单粗暴地给孩子下命令、提要求。经常简单强制性地要求孩子，会让孩子形成懒散的习惯，懒得思考，懒于行动，家长说一声动一下，或者说三声动一下，更有甚者，怎么说都不动。到这个时候，家长又会因急躁而与孩子发生言语上的冲突，严重一点的还会动手打孩子，这就会造成亲子之间情感上的冲突。与孩子情感上出现问题，是很严重的事情，孟子说“离则不祥莫大焉”，没有比父母与孩子感情疏远更不好的事情了。没有了感情的基础，教育将成为不可能。

自我反省、自我纠错是改错的秘方，希望大家记住这个秘方。

5. 不一样的“习”

子曰：“学而时习之，不亦说乎？有朋自远方来，不亦乐乎？人不知而不愠，不亦君子乎？”(《论语·学而》)

“习”这个字，现在小学生的课本上将它解释为复习。“学而时习之，不亦说乎？”意思就是：学习之后再复习，不是一件很快乐的事情吗？

有一次，我给小朋友讲这句话，我问小朋友，在学校学习之后回家再做作业，做很多的作业，你们快乐吗？小朋友们笑而不答。为什么？因为有家长、老师在现场。我说你们不要怕说实话，小朋友们这才放开了说：不快乐！大家想一想，今天连小孩子都明白的道理，难道孔子会不明白吗？他会说学习之后再复习是一件很快乐的事情吗？

显然，把“学而时习之，不亦说乎？”翻译成学习之后再复习是一件很快乐的事情，是我们把圣人的话理解错了！原因就在于我们不了解“习”。

“习”的古文字写作，上半部分是鸟的羽毛，表示鸟的翅膀，下半部分是鸟巢。大家知道，老鹰住在悬崖峭壁上。小鹰刚开始学习飞行时，先从巢穴里飞出一点点，然后赶快飞回来，再飞出一点点，又赶快飞回来，这样来来回回反复练习。鹰的飞行，不仅仅依靠翅膀的力量，它还要借助气流的运动，利用气流的运动进行滑翔、飞行。小鹰通过反复练习，学会扇动翅膀，把握气流的运动规律。《说文解字》说：“习，数飞也。”“习”就是鸟来来回回练习飞行。“习”是演练，是践行，不是简单的复习、记忆、背诵。

“学而时习之，不亦说乎？”正确的翻译应该是：对于所学的知识能适时实习、践行，不也令人愉悦吗？学是知，习是行，学习是知与行的合一。把学到的东西，在合适的场合中，运用到对行动的指导上，这才是很快乐的事情！作为家长，要引导孩子渐渐体悟这种快乐、保持这种快乐，并使之成为习惯。

6. 学会思考很重要

子曰：“学而不思则罔，思而不学则殆。”（《论

语·为政》）

孔子说："学习而不知思考，那就会迷惘了；思考而不知学习，那就危险了。"

"学"是占有知识的材料，"思"是依据知识材料进行分析，从中得到新知。得到新知，"学"的能力就会提高；"学"的能力提高，能够占有的知识材料就更多，"思"的能力也就会相应得到提高。"学"与"思"在不断互动中彼此得到提升。"罔"就是迷惘。一个人只知道学习书本知识，却不知道有所思考，不能内化于心，更不能融会贯通，就会因所谓的"知识"而迷惘，一无所得，一无所用。"殆"就是危险。一个人只知道思考，却不知道学习，就会失去思考的基础，而沦为胡思乱想。胡思乱想的人去做事情，常常是胡作乱为而危害他人。杨树达先生说："罔者无也，学而不思，其失止于丧己；殆者危也，思而不学，其病可以误人。殆之害甚于罔。故孔子又曰，思无益也。"[1]

---

[1] 杨树达：《论语疏证》，上海：上海古籍出版社，2007 年，第 50 页。

在实际生活中，学习到的知识与工作上的能力不相匹配的人越来越多，其中很重要的一个原因就是“学而不思”或“思而不学”。这些人往往在上学的时候简单重复性的作业做得太多，以至于没有时间思考，时间长了也就不愿意思考了。

7. 最好的学习状态

> 子曰：“知之者不如好之者，好之者不如乐之者。”（《论语·雍也》）

孔子说：“知道学习的不如爱好学习的，爱好学习的不如以学习为快乐的。”

“好”就是喜好。“乐”就是快乐、愉悦。还记得好学的颜回吗？孔子夸奖他说：“一箪食，一瓢饮，在陋巷，人不堪其忧，回也不改其乐。贤哉回也。”（《论语·雍也》）最好的学习状态是能够从学习中得到愉悦，从学习中得到愉悦不仅学得透彻，而且容易持之以恒。朱熹《四书章句集注》引张敬夫的话：“知而不能好，则是知之未至也。好之而未及于乐，则是好之未至也。此古之学者所以自强而不息者欤？”

8. 教子的最佳时机

子曰："不愤不启，不悱不发。举一隅不以三隅反，则不复也。"（《论语·述而》）

孔子说："不到他苦思冥想想弄通却不能时，不去启发他；不到他想说却说不出来或说不好时，不去开导他。教给他一个方面，他却不能由此类推出另外三个方面，那就不再给他增加新的内容了。"

愤，就是心里想弄通却不能。悱，就是口里想说却说不出来或说不好。启，就是启发。发，就是开导。

学习贵在自觉，自觉了就有了内在的动力；有了内在的动力，就不需要别人的督导、催促；不需要别人督导、催促的学习往往效果更好。我们经常会向学习成绩很优秀的学生的家长请教，他们是如何教育孩子的，得到的回答往往是"也没有特别的教育"，这并非都是谦虚，因为成绩优秀的孩子大多是自觉学习的。如何培养孩子自觉学习的习惯呢？要把握"教子的最佳时机"。什么时候是"教子的最佳时机"呢？孩子苦思冥想也弄不通的时候，孩子想说却说不出来或说不好的时候。在

“教子的最佳时机”教育孩子，也不要包办代替，而是要“启发”，在“启发”的过程中发挥孩子的能动性，这样就会慢慢培养起孩子自觉学习的良好习惯。机不可失，机会来了却不用，等于没来；机会来了，也不能乱用，乱用同样等于没有来。一而再再而三地不用、乱用，最终就错过孩子成长的最佳时机了。

9. 朋友是向善的伙伴

子曰：“主忠信，毋友不如己者，过则勿惮改。”（《论语·子罕》）

“毋友不如己者”，与“无友不如己者”（《论语·学而》）是一个意思，就是不要与品德不如自己的人交朋友。这是它的字面意思。文字背后还有着丰富的意蕴，需要我们细细品味。

人在生活当中，一定要交朋友，这是必须做的事情。那如何交朋友呢？从字形上看，“友”的古文字字形为，两只伸向相同方向的手，表示一种合力。它告诉我们，朋友是向善的伙伴。交朋友不是拉拉扯扯，也不是吃吃喝喝，而是为了向善。下棋要找高手才可能长棋，交朋友要交品德高尚的人才有裨益。这个意思我们从孔子的另外一句话对照去看，就好理解了：“三人行，必有我师焉，择其善者而从之，其不善者而改之。”（《论语·述而》）每一个人身上都有优点，也都有缺点，我们在交朋友的时候要“择其善者而从之”，他的优点，我们要学习；“其不善者而改之”，他的缺点，就是我们的借鉴，我们不要犯。朋友之所以能成为向善的伙伴，是“择其善者而从之”的结果，交朋友有一个向善的方向选择的问题。

10. 学会宽容路自宽

子曰：“伯夷、叔齐不念旧恶，怨是用希。”（《论语·公冶长》）

伯夷、叔齐是商末孤竹国国君的两个儿子，都是有贤德的人。孟子曾经称赞伯夷为“圣之清者”。旧恶，过去犯的错误。孔子说：“伯夷、叔齐这两个人不记别人以往的过错，所以他们心里少有怨恨。”

宽容是一种非常难得的美德，一个人拥有了这种美德，就不会整天生活在怨恨之中。没有了怨恨，就会心宽体胖，安泰舒然；有了这种宽容之心，就能够得到众人的拥护和赞同，所谓宽则得众；能得到众人的拥护和赞同，何愁不能做出一番事业，何愁不能收获人生的幸福呢？宽容是人生的大智慧，培养孩子的宽容之心非常重要。

11. 人生苦短，时不我待

> 子在川上曰：“逝者如斯夫！不舍昼夜。”（《论语·子罕》）

“逝”就是往去。“舍”就是停息。孔子站在河边感叹道：“那逝去的一切就像这河水一样啊！日夜不息。”岁月就像川流，它不会为任何人停息脚步，孩子的成长同样如此，不会因为家长的无知而放缓脚步。与其将来悔恨，不如珍惜现在；与其担心孩子的未来，不如当下就学习，进而智慧地担负起教子的责任。

12. 身教重于言教

> 子曰：“予欲无言。”子贡曰：“子如不言，则小子何述焉？”子曰：“天何言哉？四时行焉，

百物生焉，天何言哉？”（《论语·阳货》）

孔子说：“我不想再说话了。”他的学生子贡问：“老师如果不说话，那我们这些后辈小子如何学习、传述呢？”孔子回答说：“老天何曾说过什么呢？但是一年四季运行不息，世间万物生生不已，老天何曾说过什么呢？”

教，《说文解字》有一个非常有深意的解释：“上所施，下所效也。”什么是“教”呢？上面怎么做，下面就怎么学，这就是教。教育孩子的办法有千千万万，但是最好的教育方法只有一个，那就是身教。

北京地铁站，一个两岁左右的小朋友，跟着爸爸妈妈在等车，他发现地上有几个脚印，就问爸爸那是干什么的。他爸爸告诉他，那是排队等车时应该站的地方。于是小朋友立刻照着爸爸妈妈排队的样子学起来，学得还有模有样。

尊重规则是有教养的表现，有教养的人往往是以家庭为单位出现的，而构建有教养家庭的原动力在父母。我愿意再次重复孟子书院“孟母大讲堂”的宣传口号：父母好好学习，子女天天向上。

感受孟子的善良

上一讲，我们分享了孟母三迁的故事，分析了孟母三迁背后蕴含着的深刻的文化信息：孟母每一次搬家，都是引导孟子对仁义礼智这些内在德性的不断追求。孟母三迁的故事启示我们，良好的人文环境对人的成长极为重要。

孟母，我们不知道她的名字。一般认为孟母娘家姓仉，但孟母的娘家在哪里，谁也说不清楚。我想这些不重要，我们只要知道她是一位充满爱心、拥有高超教子智慧的伟大母亲，这就够了。

在元代的时候，皇帝给了孟母一个封号——邾国宣献夫人。到了清代，乾隆皇帝又加封孟母为“邾国端范宣献夫人”“一品诰命夫人”。我想这些世俗的东西，孟母不一定喜欢，我也不喜欢。我更喜欢顺着刘向的说法，尊称她为孟母。为什么呢？因为她是孟子的母亲，是为儒家、为中华民族做出伟大贡献的亚圣孟子的母亲，这才是她的伟大之处。

孟母的教育，浇灌了孟子幼小心灵中那颗善良的种子。听过孟母教子的故事之后，我们谁也不能否认，孟子之所以后来提出性善论，那里面有孟母的启迪，有孟母清晰的影子。

初春时节，细雨润物，柳枝垂绿，正应了唐代诗人贺知章《咏柳》的意境：

碧玉妆成一树高，万条垂下绿丝绦。
不知细叶谁裁出，二月春风似剪刀。

老百姓常说捂春晾秋，不过大家往往容易被春天的气息所诱惑，早早地脱掉羽绒服，轻松且愉快。与大家不同，此刻的我感觉心里一点儿也不轻松、不踏实，因为要讲孟子的性善论，实在太复杂了。

孟子研究院学术委员会委员、复旦大学杨泽波教授的博士学位论文，写的就是《孟子性善论研究》。这篇论文出版十多年之后，杨先生对其中一些观点做了补充、调整，出了修订版。又过了几年，他觉得原来论文中的有些观点还是不错的，就又做了一次修改，出了再修订版。再修订版出版之后，杨先生在《再修订序》中谦虚地写道：“对此我常抱有一种矛盾的心情。一会儿怀疑自己是不是太笨了，脑子不够用，这样一个看似简单的问题竟然苦思苦想了二十多年，朝令夕改，颠三倒四。一会儿又相信这可能恰恰是哲学思考魅力之所在，这种变化具有整体价值，十分必要，其意义恐怕要过很久才能真正看出来，为学界理解和接受。但不管如何，还是真心希望这次是真的想清楚了，不要再变了。”[1] 由此可见孟子性善论的复杂程度。

事实也是如此，孟子性善论自提出那天开始就面临争议，2000 多年来，争议也从来没有停止过。孟子说人性是善的，也有人说人性是无善无不善的，或者人性是可以为善也可以为不善的，或者人性是有善有不善的，比孟子晚一点的荀子干脆说人性是恶的。大

---

[1] 杨泽波：《孟子性善论研究》（再修订版），上海：上海人民出版社，2016 年，第 3 页。

家各有一套说辞，观点针锋相对，辩论到深刻处，玄之又玄。

面对这样一个复杂而充满争议的话题，如何用有限的篇幅讲清楚，实在是一个大挑战。

一般来讲，面对复杂而充满争议的问题，我们需要把它有机地分割开来，把不同的问题留到不同的阶段去学习、去理解、去探讨。我们应该细细地分析争议各方所主张的基本内容，而不是一下子就陷入纷乱的争议当中。所以，我们首先看孟子的性善论本身，看他主张的基本内容和主要方面是什么。

杨海文先生在《我善养吾浩然之气——孟子的世界》一书中指出："孟子如何思考这个问题？为什么他对这个问题的提问方式和解答策略，直到今天还遗存在我们的思维世界之中，深邃地影响着我们追问人生、拷问人生？很显然，孟子怎样证明性善论，是关键中的关键、问题中的问题。"[1]我想先抓住这个"关键中的关键""问题中的问题"，进行讨论；等以后

[1] 杨海文：《我善养吾浩然之气——孟子的世界》，济南：齐鲁书社，2017 年，第 112 页。

有时间、有能力再去思考、研究其他不同的人性主张以及这些主张与孟子的性善论的异同，到那时我们面对的困难可能会少一些。

即使是这样，我们也不要忘了杨先生的提醒："具体讨论之前，我想提醒大家注意：古代哲学家的思考方式跟我们现在的思考方式并不一样，我们不同于他们，他们不同于我们，两者甚至有着某种本质上的差异。""古人漫不经心地把思考的答案讲出来，此乃诗化编码；我们有条不紊地把思考的过程写出来，此乃逻辑编码。"[1]"逻辑编码"自然需要运用逻辑思维去分析编排，"诗化编码"当然需要用生命去体悟印证。基于此，我把这一讲的题目定为《感受孟子的善良》。

接下来，我们就解一解"感"和"受"。

"感"是会意兼形声字。从心从咸，咸亦声。本义为感动，就是外界事物在人们思想感情上引起的反应。从心从咸的"感"，为什么能有这样的本义呢？

[1] 杨海文：《我善养吾浩然之气——孟子的世界》，济南：齐鲁书社，2017 年，第 112~114 页。

这与“咸”有很大的关系。“咸”的甲骨文写作，从戌从口，是个会意字。从戌，戌就是斧钺，表示征战杀伐；从口，表示众人杀声连天。“咸”的本义当为众人齐声呼叫，引申为普遍、全、都等意思。感，从咸从心，表示杀声连天的战斗给人带来的心灵震撼。[1]所以《说文解字》说：“感，动人心也。”

那什么是“受”呢？“受”的甲骨文字形非常简单，写作。它的金文字形更明了：，一个物体上面有一只手，下面有一只手。“受”的本义，一可以表示授予的意思，读若“授”。《说文解字》：“受，相付也。”二可以表示接受的意思。《广雅·释诂》：“受，得也。”

一个物体上面有一只手，下

[1] 参见谷衍奎编：《汉字源流字典》，北京：华夏出版社，2003年，第744页。

面有一只手的，为什么有接受和授予两个截然相反的意思呢？比方说我手里拿着奖状颁发给您，从我的角度讲，就是授予的“授”，从您的角度讲，就是接受的“受”。我们两个人的行为合起来就是“授受”。

古人礼法严苛，“男女授受不亲”。什么是“男女授受不亲”？就是男女之间相互传递东西的时候，手不能碰在一起。也有更苛刻一点的说法——男女传递东西的时候，应该是送东西的人先把东西放下，然后收东西的人才能拿走。

不过规矩也不是死的：

> 男女授受不亲，礼也；嫂溺，援之以手者，权也。（《孟子·离娄上》）

孟子说，男女间不亲手传递东西，这是礼的约定；援救掉进水里的嫂了，这是礼的权变。嫂子掉到水里去了，你还不去援救，这可不是遵守礼法之人，这是豺狼啊。

礼的约定最终还是要以人为本、为人服务，要有助于充分展现人的善性。

公都子曰："告子曰：'性无善无不善也。'或曰：'性可以为善，可以为不善。是故文武兴，则民好善；幽厉兴，则民好暴。'或曰：'有性善，有性不善。是故以尧为君而有象；以瞽瞍为父而有舜；以纣为兄之子，且以为君，而有微子启、王子比干。'今曰'性善'，然则彼皆非与？"（《孟子·告子上》）

公都子，是孟子的弟子。告子，是与孟子同时期且年长于孟子的学者。

公都子问："告子说：'人性无所谓善，也无所谓不善。'也有人说：'人性可以为善，也可以为不善。所以文王、武王兴起，百姓就变得善良；幽王、厉王兴起，百姓就变得凶暴。'还有人说：'有的人性善，有的人性不善。所以，有尧这样的君主，却有象这样的坏人；有瞽瞍这样的父亲，却有舜这样的好儿子；有纣这样的侄子，而且做了君主，却有微子启、王子比干这样的贤人。'现在老师说'人性善'，那么他们说的都错了吗？"

人性问题真是一个标准的哲学问题，古今中外的哲学家都会为它白几缕头发。面对这样的问题，我想大部分人都会与公都子一样，充满疑惑：孟子为什么说人性是善的呢？孟子的性善论到底是怎么一回事呢？

要弄明白这个问题，有一个办法。我们在第一讲里提到过程颐先生说的一句话：

> 学者须将《论语》中诸弟子问处便作自己问，圣人答处便作今日耳闻，自然有得。虽孔孟复生，不过以此教人。

学问是知识、学识，获取学问的重要方法是学与问。

“问”是会意兼形声字，由“口”和“门”构成，“口”表意，“门”表意兼声。“问”的本义

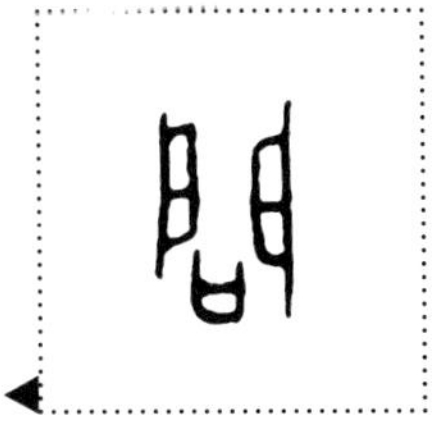

就是向他人探询自己不了解、不清楚的事情。

接下来，我们就按照程颐先生的指点，围绕性善论的问题，隔着2300多年前的“门”，虔诚地问询于孟子。

问题一，人有善性吗？

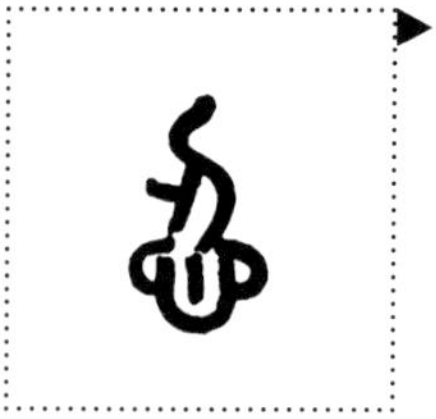

我们先看一个字：。

这个字大家都认识，忍。俗话常说，“忍”是“心”字头上一把刀，意思是这个人有气量，忍得住，能把感情按住不让它表现出来。但若是细究起来就会发现，这句话其实有问题。忍，从心从刃，“心”字头上不仅仅是一把刀，刀上还有一点。刀上加一点是什么意思？造字的古人提示我们，他说的刀不是刀的整体，而是刀用来砍东西的那部分——刃。“忍”是会意字，它的本义有两个：一是忍耐；一是残忍。一把刀砍在你的心上，给你带来痛苦，你能够挺得住，便有忍耐的意思；如果这把刀砍在别人心上，给他带来痛苦，你看见了还能够挺得住，那不是忍耐，而是残忍。

下面的“忍”字用的便是残忍之意。

（孟子）曰：“臣闻之胡龁曰，王坐于堂上，有牵牛而过堂下者，王见之，曰：‘牛何之？’对曰：‘将以衅钟。’王曰：‘舍之！吾不忍其觳觫，若无罪而就死地。’对曰：‘然则废衅钟与？’曰：‘何可废也？以羊易之！’——不识有诸？”

曰：“有之。”

曰：“是心足以王矣。百姓皆以王为爱也，臣固知王之不忍也。”

王曰：“然；诚有百姓者。齐国虽褊小，吾何爱一牛？即不忍其觳觫，若无罪而就死地，故以羊易之也。”

曰：“王无异于百姓之以王为爱也。以小易大，彼恶知之？王若隐其无罪而就死地，则牛羊何择焉？”

王笑曰：“是诚何心哉？我非爱其财而易之以羊也。宜乎百姓之谓我爱也。”

曰：“无伤也，是乃仁术也，见牛未见羊也。君子之于禽兽也，见其生，不忍见其死；闻其声，不忍食其肉。是以君子远庖厨也。”

王说曰：“《诗》云：‘他人有心，予忖度之。’夫子之谓也。夫我乃行之，反而求之，不得吾心。夫子言之，于我心有戚戚焉。”（《孟子·梁惠王上》）

孟子一生多次到齐国，对齐国、齐宣王寄予很高的期望，因而多次与齐宣王对话。这一次他们又聊上了。

孟子问齐宣王：“我听您的大臣胡龁说，一天，大王您坐在堂上办公，这时有个下人牵着一头牛从堂下经过，大王见了，便问：‘你把牛牵到哪里去？’下人回答：‘准备杀了祭钟。’”

什么是祭钟呢？古代祭祀的时候需要用钟，新铸好的钟却是不能用的，古人认为它没有灵性，只有经过祭祀的钟才有灵性。如何祭祀呢？杀牲取血，涂在钟的接缝处就可以了。

宣王听说下人要杀牛祭钟，便说：“你放了它吧！我看它吓得哆哆嗦嗦的样子有点不忍心，就像没有罪过却要被处死一样。”下人问：“那不祭钟了吗？”宣王说：“怎么能不祭钟呢？用羊替代它吧！”孟子问：“不知道有没有这件事？”

宣王说：“确实有这件事。”

孟子说：“大王您有这样的心就足以称王天下。百姓听说这件事后都以为您是吝啬，我却知道您是不忍心。”

宣王说：“对呀，确实有百姓这样认为。齐国虽然狭小，我何至于吝啬一头牛呢？我是不忍心看到它战栗发抖，就像没有罪过却要被处死，所以用羊来替换它。”

孟子说：“大王不要责怪百姓以为您吝啬。您用小的羊替换大的牛，老百姓怎么能了解您的用心呢？大王如果可怜牛没有罪过而要被处死，那么牛和羊又有什么区别呢？”

宣王苦笑着说：“这到底是什么心理呢？我并非吝啬钱财而用羊去替换牛。但听您这么一说，也难怪百姓要说我吝啬。”

孟子说：“没有关系，这正是仁心的流露。君子对于禽兽，看见它们生，就不忍心看见它们死；听见它们的哀叫，就不忍心吃它们的肉。因此，君子总是远离厨房。您是看到了牛，对牛起了不忍之心；没有看到羊，对羊没有起不忍之心。”

宣王很高兴地说：“我这样做了，自己却说不明白。老先生说到我心坎上了，您太会讲话了。”

接下来，孟子就批评、引导齐宣王：你的恩惠能够施及禽兽，却为什么不能施及百姓呢？不忍之心只有用到人身上，才是不忍人之心！以不忍人之心治理天下，那就容易多了。

不忍人之心就是人的善性。齐宣王以羊换牛、君子远庖厨，都说明人是有善性的。

问题二，人人都有善性吗？

不忍人之心，就是人的善性。那这样一颗不忍人之心，它是齐宣王、君子所独有的吗？孟子认为善性不是齐宣王、君子所独有的，每一个人都有与齐宣王、君子一样的不忍人之心，都有善性。

为什么说每一个人都有善性呢？孟子以古代贤人龙

子说过的话作比：

> 龙子曰："不知足而为屦，我知其不为蒉也。"屦之相似，天下之足同也。（《孟子·告子上》）

龙子在《孟子》中出现了两次。另外一次是他论述如何管理土地，如何收税，如何善待老百姓。这是一位古代的贤人。

龙子说，让我为你编一双草鞋，即便不知道你脚的大小，我也一定不会给你编成一个草筐。为什么呢？因为天下人脚的形状是大致相同的。

孟子担心我们还不明白，又继续提示我们：

> 口之于味，有同耆也；易牙先得我口之所耆者也。如使口之于味也，其性与人殊，若犬马之与我不同类也，则天下何耆皆从易牙之于味也？至于味，天下期于易牙，是天下之口相似也。惟耳亦然。至于声，天下期于师旷，是天下之耳相似也。惟目亦然。至于子都，天下莫不知其姣也；不知子都之姣者，无目者也。故曰，口之于味也，有同耆焉；耳

之于声也，有同听焉；目之于色也，有同美焉。至于心，独无所同然乎？（《孟子·告子上》）

就像编鞋子不会编成筐子一样，大厨师易牙之所以成为大厨师，就是因为他掌握了人们对美味食物的共同嗜好。假使人们的味觉生来就不同，如狗、马与我们不是同类一样，那么，为什么天下人都喜欢大厨师易牙烹调出来的味道呢？天下人都喜欢易牙烹调出来的味道，正说明天下人的味觉是相似的。对耳朵来说也是这样。一提到音乐，天下人都喜欢大音乐家师旷奏出的乐曲，这说明天下人的听觉都是相近的。对眼睛来说也是这样。一提到美男子子都，天下人没有不认为他漂亮的。如果谁认为子都不漂亮，那他一定是有眼无珠。所以说，人们的口对于味道，有相同的嗜好；耳朵对于声音，有相同的听觉；眼睛对于容貌，有相同的美感。说到人心，难道偏偏就没有相同之处了吗？

人心既然有相同之处，那这相同之处是什么？就是善。圣人也是与大家一样的人，只是圣人先于我们掌握了人心的相同之处——善——罢了。

人的善性就是不忍人之心，这是我们每个人都拥有的同情之心。

“兴”是会意字，繁体作“興”。甲骨文写作，象四手共同抬起器物。金文写作，在器物下加“口”，会意众人口呼号子共同用力。“兴”的本义为共同、兴起，引申义为高兴。[1]

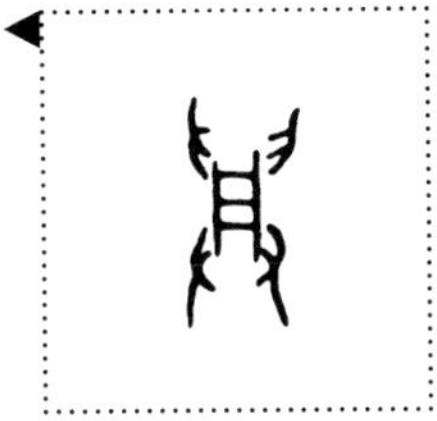

“兴”与“同”本来是一个字，后来才分开来。把四个人的手省略了，只剩下抬东西的用具的象形和“口”，便成了，就是今天的“同”，表示口令协调，引申为一样、相同等意思。

同情不仅仅是不忍、可怜，它还有相同之情的意思。从性情的层面来讲，同情就是不忍；从人人都具有的层面上说，同情就是相同之情感。正因为我们每一个人都具备了不忍人这种相同的情感，人与人才有了

[1] 参见李学勤主编：《字源》，天津：天津古籍出版社；沈阳：辽宁人民出版社，2012年，第206页。

沟通的可能，我们才可能感受到别人的欢乐和痛苦，我们人的善性才能通过情感展现出来。

我们都是好学的学生，在弄清了人人都具有善性之后，还有更深层次的疑问：人人都具有的善性从哪里来？

问题三，人的善性从哪里来？

人人都有善性，善性是从何而来的呢？它是先天就有的，与生俱来的呢？还是后天培养出来的呢？为了回答我们的问题，孟子给我们讲了一个故事：

> 今人乍见孺子将入于井，皆有怵惕恻隐之心——非所以内交于孺子之父母也，非所以要誉于乡党朋友也，非恶其声而然也。（《孟子·公孙丑上》）

“今人乍见孺子将入于井”是《孟子》一书中非常重要的一段文字，也是后世广泛引用的一段文字。如果直译这段话，大致意思是：

今天有人忽然看到一个孩子要掉到井里，都会有惊恐恻隐之心——不是想与孩子的父母攀交情，不是想在乡邻朋友中博取名誉，也不是厌恶孩子的哭声而这样的。

把古文翻译为白话文，一般说来有直译和意译两种方式。直译更多是尊重文字本身的意思，意译则更多需要揣摩作者的想法。由于古今文字内含意义的差别和古人今人思维方式的不同，乃至古文语境的缺失，纯粹的直译是不可能的,或者说是有巨大缺陷的，特别是在探讨哲学问题时更是如此。一味意译的缺陷往往是没有揣摩到多少古代作者的想法，却铺展出许多今人的意思。接下来我们结合这两种方式，把这段话的义理疏解一下。在进行义理疏解之前，我们还是先来解三个关键字。

“乍”是会意字，甲骨文

由刀（ ）和卜（ ）构成。《仪礼》有“卜人坐作龟”之语，此字正是会意卜人用刀针刻龟甲，进行占卜。

龟是长寿之物，古人认为它能通神，故用龟甲占卜可以预测凶吉。用龟甲占卜的方法，是先用刀子在龟甲背面刻出一个一个小窝，再将其置于火上烘烤，烘烤过程中龟甲就会炸裂形成许多裂纹，这些裂纹就是“卜”。根据“卜”分析出事物发生前的征候或迹象，这就是“兆”。“兆”有凶兆，有吉兆。知道事物发生前凶吉的征候或迹象，人们便可以调整自己的行为，从而趋吉避凶。做占卜的人把分析的内容刻在龟甲上记录下来，这就是卜辞；记录卜辞所使用的文字，就是甲骨文。

有了上面的分析我们就可以确定，“乍”的本义为制作卜龟，是“作”的本字。同时，龟甲在烘烤之后会突然爆裂，“乍”又有突然、猝然的意思。“乍见”就是突然间发现。

“将”是会意字。由表示手的 、表示祭品的 （肉）和表示供案的 （爿）构成，会意人们在庖厨里制作祭祀用的祭品。“将”的本义当为奉献、祭享。或许是因为准备好祭品意味着祭祀马上就要开始，“将”又引申为就要、快要的意思。

“孺”是形声字，从子，需声。大家知道，刚刚生下来的孩子叫赤子。为什么叫赤子呢？因为刚刚生下来的孩子的皮肤颜色是赤红色的，所以叫赤子。什么叫孺子呢？孺子就是刚刚学走路，还走不太好的孩子，《释名·释长幼》：“儿始能行曰孺。”

了解了这些，我们再回过头来看“今人乍见孺子将入于井”这段话。

孟子说，假如现在有人出去办事情，走在路上，突然发现一个小孩马上就要掉到井里去了，都会有“怵惕恻隐之心”，都会为这个孩子担心害怕，然后一定会紧走几步，赶快把那个孩子从井口边救离开。如果你是那个救小孩的人，孟子问你，在救孩子的一瞬间想没想过，今天我救了这个孩子，然后私下里与他的父母交个朋友，从他父母那里得到点好处？在救孩子的那一瞬间，你什么都没有想。孟子又问你，在救孩子的一瞬间想没想过，我在路边救了一个孩子，然后回到自己的单位，向同事向领导显摆显摆我今天做了一件好事情？在救孩子的那一瞬间，你什么都没有想。孟子再问你，是不是因为讨厌听到孩子的哭声，才去救那个孩子？在救孩子的那一瞬间，你也不会这样想。既然在救孩子的那一瞬间你什么都没有想，那是什么东西促使你去救了这个孩子呢？孟子说，是你的不忍人之心，也就是你的善性。这是每一个人都具有的、与生俱来的、不需要学习、不需要思考就拥有的东西！

孟子不仅是伟大的思想家，还是伟大的语言学家。通过“今人乍见孺子将入于井”这简简单单十个字，孟子给我们营造了一个什么氛围？“乍见”，突然发现；“将入于井”，马上就要掉到井里去了，这是一瞬间的事情，容不得你做任何思考！这是第一点。你面临的对象是什么呢？是孺子，一个还不太会走路的孩子，他是一个纯洁的、没有受到世俗污染的人！这是第二点。现在我们把这两点合起来看，在这一瞬间，面对这样一个纯洁的、没有受到世俗污染的对象，你所做出的行为会出于任何世俗利害的思考吗？不会！在这一瞬间，面对这样一个纯洁的、没有受到世俗污染的对象，你所做出的必然是你下意识的、本能的行为！

杨海文先生在《心灵之邀——中国古典哲学漫笔》一书中对此有精彩的阐释：

> 你可能并不知道决定救孩子的那一刻你是一个什么样的人，但孟子，在沉思中证明了你：在一个孩子的生死关头，你的心性豁然开悟了，你无条件地接受了一颗怵惕恻隐之心的命令，把手伸给了这个孩子；而这颗怵惕恻隐之心是你天生就固有的，它也是你有可能沦为禽兽以前的最后一道防线；正因为你固守了这道防线，所以，你在终极的意义上超越了禽兽，也不再是茫茫人海中一个匆匆的过客，你是一个大写的人。[1]

---

[1] 杨海文：《心灵之邀——中国古典哲学漫笔》，合肥：安徽文艺出版社，2000年，第49页。

雄辩的孟子就是用这样一个简单的故事指点我们，每一个人都具有天赋的善性。从人皆有怵惕恻隐之心，推证人的本性善，这就是从心之善言性之善。

问题四，天赋予人的仅仅是善性吗？

每一个人都具有天赋的善性，这是孟子对我们生命的亲切指点，这个指点我想可以说服我们。但是，我们还是有疑问：天赋予人的仅仅是善性吗？天还赋予了我们其他的性吗？不是说“食色性也”吗？在倾听孟子的指点之前，我们还是来解一个字：。

“命”是形声兼会意字，从口从令，令亦声。甲骨文中

只有（令），没有（命），“令”“命”本一字。西周金文中才出现（命）字。令，由一个倒口和一个跪着的人组成，会意人跪着接受命令。“命”字是在“令”上叠加义符“口”而成的，其本义是命令，含有差遣、指示等义。[1]

在现实生活中，人常常会感觉到生命的渺小与无助，辛辛苦苦的努力往往抵不上出人意料的机遇或巧合，人的生命似乎受到某种神秘力量的约束。这种神秘力量，古人认为来自天，这个意义上的“命”就是天命，由天命引申出命运的意思。

> 孟子曰：“口之于味也，目之于色也，耳之于声也，鼻之于臭也，四肢之于安佚也，性也，有命焉，君子不谓性也。仁之于父子也，义之于君臣也，礼之于宾主也，知之于贤者也，圣人之于天道也，命也，有性焉，君子不谓命也。”（《孟子·尽心下》）

---

[1] 参见李学勤主编：《字源》，天津：天津古籍出版社；沈阳：辽宁人民出版社，2012 年，第 82 页。

孟子说：我们的嘴巴都想吃到美味的食物，我们的眼睛都想看到美好的事物，我们的耳朵都想听到美妙的音乐，我们的鼻子都想闻到鲜花的芬芳，我们的四肢也想得到安逸，这些属于性，也是上天赋予我们的。但是，这些生理的欲求能否得到满足，不完全取决于我们自己，它受到命（即客观）的限制。有些人一辈子非常努力、非常辛苦，但是得到的报酬并不与之匹配，这种情况很常见。所以君子把这些天性欲求看作是命，而不认为是人的真性。

仁对于父子，义对于君臣，礼对于宾主，智对于贤者，圣对于天道，能否实现虽然也有命的限定，但是，起决定性作用的是人而非命。孔子说，“我欲仁，斯仁至矣”。你想做一个好人，你就一定能够成为一个好人。比如捐款以帮助别人，捐多少或许受物质条件的限制，捐不捐却取决于我自己，我有一颗善心，就会尽我所能去帮助别人。也正因此，君子把仁义礼智圣看成是人的真性，不会因为有外在的某些限制而不去努力。

“性也，有命焉”的“性”指的是人与禽兽共有的先天之性，我们称之为动物性之性；“命也，有性焉”

的“性”指的是人所独有的先天之性，我们称之为道德性之性。性与命的对扬，透显出人的真性，不在动物之性一面，而在仁义礼智道德之性一面，这一面才是人人性分本具的真性。

为什么孟子不把动物性之性看作是真正的人性，而把道德性之性看作是真正的人性呢？善性对人有什么意义呢？这正是我们要问的第五个问题。

问题五，善性对人有什么意义？

要回答这个问题，我们还是先解字。

在中国古文字中，“人”字表现了人侧面的形象，它由直立行走的躯干和创造性劳动的手臂

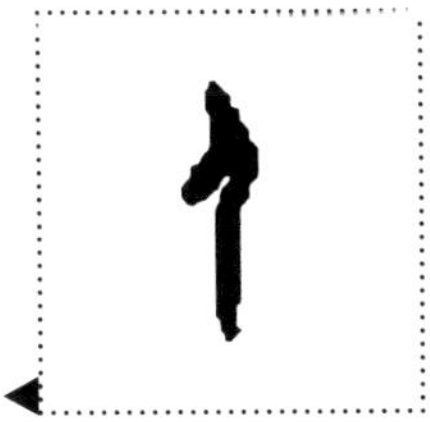

组成。直立行走、创造性劳动，正是人由野蛮走向文明的两大要素。

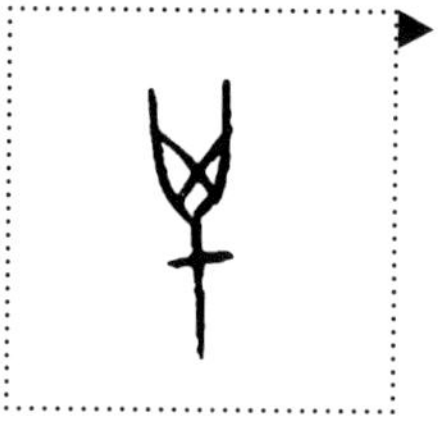

“禽”是象形字。甲骨文象有着长长手柄的捕捉飞禽走兽的网子。它引申出两个基本的含义：从人的行为上说，有手持网捕捉的意思，“禽”是“擒”的本字。从人行为的对象说，有猎物的意思，汉班固《白虎通·田猎》：“禽者何？鸟兽之总名。”“禽”的本义是飞禽走兽的总称。西周金文字形发生了改变，上面添加了声符（今），下面形变为，此后一直保持这种构形，并逐渐将“今”与下面的部分融为一体。至楷书变为从人从离，作“禽”，沿袭至今。

在孟子的思想中，有一个强

烈的价值主张，那就是人与禽兽不能一样。但是，他同时又认为人与禽兽的差别很少。他说：

> 人之所以异于禽兽者几希，庶民去之，君子存之。舜明于庶物，察于人伦，由仁义行，非行仁义也。（《孟子·离娄下》）

孟子说，人与禽兽不同的地方很少，只有一点点。哪一点不同呢？就是不忍人之心，就是仁义礼智，就是人的善性。

张岱年先生敏锐地指出：

> 孟子所谓性者，实有其特殊意谓。孟子所谓性者，正指人之所以异于禽兽之特殊性征。人之所同于禽兽者，不可谓为人之性；所谓人之性，乃专指人之所以为人者，实即是人之“特性”。[1]

---

[1]《张岱年文集》第2卷，北京：清华大学出版社，1990年，第222页。

在孟子看来，动物性之性是人与禽兽共有的，如食、色、安逸、自卫、逃避一类的本能。所以，从动物性之性，也就是动物性的欲求和本能上，彰显不出来人生命的意义与尊严。道德性之性是人的善性，是“人之所以异于禽兽者”，是人秉承天赋善性，完成人格，敦序人伦，创造历史，开拓人文的良知良能。只有肯定、把握道德性之性也就是人的善性，才能够彰显出人生命的意义与尊严！

君子之所以为君子，舜之所以为圣人，就是他们能够明察事物，洞察人伦，顺着善性而行，顺着善性由内而外自觉地呈现、流露。

孟子的人禽之辨，逼显出人与禽兽的不同，逼显出人生命的意义与尊严，含意深远无尽，需要我们慢慢体悟，用生命去体悟。

这里需要指出解读《孟子》经常出现的一个误读：

> 圣王不作，诸侯放恣，处士横议，杨朱、墨翟之言盈天下。天下之言不归杨，则归墨。杨氏为我，是无君也；墨氏兼爱，是无父也。无父无君，是禽兽也。（《孟子·滕文公下》）

孟子说，圣王没有出现，诸侯胡作乱为，在野的士人乱发议论，使得杨朱、墨翟的言论充塞天下。天下的言论，不是归向杨朱，就是归向墨翟。杨朱宣扬为我，“拔一毛而利天下，不为也”，这是目无君主；墨翟宣扬兼爱，“摩顶放踵利天下，为之”，这是目无父母。目无父母和君主，就是禽兽。

有人看到孟子说杨朱、墨翟“无父无君，是禽兽也”，便轻率地批评孟子辩论不过就是张口谩骂，没有辩论的风度，有失思想家的风范。却不知在孟子那里，一个人是为“人”还是为“禽兽”，绝不是轻浮的谩骂，而是十分严肃的价值上的取舍，是人之为人的根本所在。

问题六，人把握善性的能力是先天的还是后天的呢？

“性”是会意兼形声字，从心从生，生亦声。“生”的甲骨文写作㞢，象草木从地面长出之形，本义指草木生长。《说文解字》：“生，进也。象草木生出土上。”西周文字承袭商代文字，只是在中竖或加“·”为饰笔，

或变“·”为短横。“心”写作，是象形字，象心脏之形，本义指心脏。“性”的本义是人先天所具有的能力、作用等。

朱熹说：“‘性’字从‘心’，便见得先有这心，便有许多物在其中。”（《朱子语类》卷六十）物理不分，“有许多物在其中”，就是有许多道理在其中。

性善，是孟子学说的核心，亦是对孔子之“仁”进一步的阐发与印证。但“性善”不是一个知识性的命题，而是生命中之事，是对人们生命的亲切指点。

孟子认为，每一个人都具有与生俱来的善性，而这个善性本根于心。

孟子曰：“广土众民，君子欲之，所乐不存焉；中天下而立，定四海之民，君子乐之，所性不存焉。君子所性，虽大行不加焉，虽穷居不损焉，分定故也。君子所性：仁义礼智根于心，其生色也睟然，见于面，盎于背，施于四体，四体不言而喻。”（《孟子·尽心上》）

孟子说，广阔的土地、众多的民众，是君子想要的，但君子的乐趣不在这里；国家得到治理，百姓得到安顿，是君子所乐于的，但君子的性体本身的绝对价值不在这里。君子性体本身的绝对价值，不会因抱负的实现而增加，不会因穷困隐居而减少，为什么呢？因为他的本分已经确定的缘故。君子的本性表现在仁义礼智都根于心，由心而发，本心便是本性的活动。善性表现出的气色温润和顺，呈现于面部，流溢于肩背，延伸到四肢，四肢不必等待吩咐，便知道该怎样做。

“广土众民”，说的是人生的自然欲望境界；“中天下而立，定四海之民”，说的是人生的社会事功境界；“君子所性”，说的是人生的精神道德境界。

天赋予人善性的同时，也赋予了人与禽兽相同的动物之性。动物之性是体现不出人的价值与尊严的，只有肯定、把握道德性之性也就是人的善性，才能够彰显出人生命的价值与尊严。人生有自然欲望境界、社会事功境界、精神道德境界。自然欲望境界、社会事功境界体现不出或不能充分体现出人的价值与尊严，只有实践、实现人生的精神道德境界，才能够真正彰显出人生命的价值与尊严。

人之善性，既超越性地受之于天（天所与我），又内在性地根植于心（我固有之）。所以，心性是一体的，性是静的，静则不显；心是动的，动则可察。心拥有把握善性的能力。人心把握善性的能力是先天的，还是后天培养的呢？孟子认为是先天的：

> 耳目之官不思，而蔽于物。物交物，则引之而已矣。心之官则思，思则得之，不思则不得也。此天之所与我者。（《孟子·告子上》）

孟子说："耳朵、眼睛这类器官是不会思考的，所以在与外物接触的过程中，便容易被引诱过去，容易被外物蒙蔽。心这个器官是会思考的，一思考就能把握善性，这是天赋予我的能力。"

以上孟子回答了每一个人都有善性，并且清晰地论证了这个善性是与生俱来的，是人之为人的关键所在，同时，人还拥有天赋的把握善性的能力，等等。这让我们对性善论有了一些了解。不过，我们心头还是有不少的困惑：我们有天赋予的善性，还有天赋的把握善性的能力，那人为什么还有不善？先天的善性为什么需要后天的修养？又如何进行修养呢？

问题七，人为什么有不善？

> 孟子曰："乃若其情，则可以为善矣，乃所谓善也。若夫为不善，非才之罪也。恻隐之心，人皆有之；羞恶之心，人皆有之；恭敬之心，人皆有之；是非之心，人皆有之。恻隐之心，仁也；羞恶之心，义也；恭敬之心，礼也；是非之心，智也。仁义礼智，非由外铄我也，我固有之也，弗思耳矣。故曰，求则得之，舍则失之。或相倍蓰而无算者，不能尽其才者也。"（《孟子·告子上》）

这段话，文字不长，却是《孟子》一书中非常重要又难以理解的。我们先解一下“若”“情”“才”三个字，然后把这段话分作两节细细感受。

“若”是象形字，甲骨文写作，描绘的是一个跪坐的人举双手梳理头发的形象。本义当为理顺头发，引申为顺从等意思。“若”的金文字形加了“口”，强调顺从、应诺的意思。《尔雅·释言》：“若，顺也。”

“情”是形声字，从心，青声，本义指人的感情、情绪。《礼记·礼运》：“何谓人情？喜、怒、哀、惧、爱、恶、欲，七者弗学而能。”影响人的情感的不仅有动物性之性，还有道德性之性。动物性之性给人带来欲望情感，如喜、怒、哀、惧、爱、恶、欲七情，生、死、耳、目、口、鼻六欲；道德性之性给人带来道德情感，如恻隐、羞恶、辞让、是非。总之，人的情感源于人的本性，所以“情”之义由感情、情绪引申为本性、欲望、实情等。

“才”是象形字，甲骨文和西周金文都是作草木的幼苗从象征地面的“一”下钻出来的形象，本义指草木初生。《说文解字》：“才，草木之初也。”引申为才质、才能等。

回到孟子的话：

> 乃若其情，则可以为善矣，乃所谓善也。若夫为不善，非才之罪也。

“乃若其情”，这里的“乃”是语气词，“若”是顺从，“情”就是实情，“其情”是指人的本性之实情。“乃若其情，则可以为善矣，乃所谓善也。”孟子说，顺从人本性的实情，自然就可以为善的（比如顺从恻隐则可以为仁，顺从羞恶则可以为义，等等），这便是我所说的人性善。“若夫为不善，非才之罪也。”至于有些人不善良，甚至产生罪恶，不能归罪于他的“才”——这里的“才”包含了才质和才能两个方面。“才”是本性发出来的为善之才质、才能，这种为善的“才”，是人人皆有的。至于人做出不善之事，乃是物欲的陷溺和后天环境的习染所使然，这不能归罪于“才”，所以说“非才之罪也”。

蔡仁厚先生指出：“孟子言心性，是实体性的‘内在的道德心，内在的道德性’。心与性，都是从体上说。而此处所谓‘乃若其情’‘非才之罪’的‘情’字‘才’字，实际上都是指‘性’而言。”[1]

梁涛先生在《孟子解读》中也指出：

> 本章中重要的是“乃若其情，则可以为善矣，乃所谓善也”几句，其中“乃若其情”的“其”，当是指人性而言，但不是指一般的人性，而应是指

[1] 蔡仁厚：《孟子要义》，台北：台湾书店，1980年，第3页。

下文的“恻隐”“羞恶”“恭敬”“是非”之心或仁、义、礼、智。“乃若其情”的“情”应训为“实”，指实情。“则可以为善矣，乃所谓善也”两句中，分别出现两个“善”字，但具体所指又有所不同。其中前一个“善”指具体的善行，如见孺子将入于井，必生“怵惕恻隐之心”，而援之以手；见长者必生“恭敬之心”，为其“折枝”，等等。后一个“善”是就人性自身而言，是对“其”也就是“性”所作的判断和说明。这三句话是说，至于恻隐、羞恶、恭敬、是非之心的实情，可以表现为具体的善行，这就是所说的善。但是孟子只强调“可以”，认为只要“可以为善”，就算是善；假如因为种种原因而没有表现出善，仍不影响内在禀赋本身为善。[1]

我想，我们发出“人为什么有不善”的提问，其实就是我们还没有真正理解孟子人性善的生命指点。所以，孟子接着又不厌其烦地叮嘱我们：

---

[1]梁涛编著:《孟子解读》, 北京: 中国人民大学出版社, 2010年, 第291页。

> 恻隐之心，人皆有之；羞恶之心，人皆有之；恭敬之心，人皆有之；是非之心，人皆有之。恻隐之心，仁也；羞恶之心，义也；恭敬之心，礼也；是非之心，智也。仁义礼智，非由外铄我也，我固有之也，弗思耳矣。

善性（仁义礼智）是内在的、人与生俱来的，人的问题是“弗思”，即不能反省自求。

善性是人固有的，为什么还要反省自求呢？这正是我们接下来要问的问题。

问题八，先天的善性为什么需要后天的扩充培养？

善性是人固有的，并不是说我们每一个人生下来就是孔子，善性还需要我们不断扩充、培养。

前面我们提到的“恻隐之心，人皆有之；羞恶之心，人皆有之；恭敬之心，人皆有之；是非之心，人皆有之。恻隐之心，仁也；羞恶之心，义也；恭敬之心，礼也；是非之心，智也。仁义礼智，非由外铄我也，我固有之也，弗思耳矣”，正是孟子著名的“四心说”，它是从本体意义上立说的。与之浑然一体的还有从工夫意义上立说的“四端说”：

恻隐之心，仁之端也；羞恶之心，义之端也；辞让之心，礼之端也；是非之心，智之端也。人之有是四端也，犹其有四体也。有是四端而自谓不能者，自贼者也；谓其君不能者，贼其君者也。凡有四端于我者，知皆扩而充之矣，若火之始然，泉之始达。苟能充之，足以保四海；苟不充之，不足以事父母。（《孟子·公孙丑上》）

那么，“端”是什么呢？

“端”是象形字。甲骨文

写作，就是“耑”，象草木出生之形。字的上部象植物破土初生，中间的一横代表地，下部则象其根。“耑”是“端”的本字。“端”的本义是萌芽，引申为开端等。

孟子说我们先天的善性仅仅是“端”，是萌芽。清代学者陈澧说：“孟子所谓性善者，谓人人之性皆有善也，非谓人人之性皆纯乎善也。”（《东塾读书记》卷三）因为我们先天的善性还没有“纯乎善”，仅仅是一个萌芽，所以它需要我们后天的不断的扩充培养。

四端在我，随处发见，知道扩充培养它，那就会像火刚刚燃起，泉水刚刚涌出。这样的话，不要说侍奉父母，就是保有天下也不成问题。如果不能扩充培养它，则不仁不义、无礼无智，与禽兽有何区别？这样的话，别说保有天下，就连侍奉父母也做不到。

孟子曰：“五谷者，种之美者也；苟为不熟，不如荑稗。夫仁，亦在乎熟之而已矣。”（《孟子·告子上》）

孟子说：“五谷，是种子中的佼佼者，假如不成熟，还不如稊米、稗子。仁，也在于使它成熟罢了。”

孟子不愧为伟大的教育家，他总是诲人不倦。这段话孟子又以五谷为喻，继续说明“仁”需要“扩而充之”。他没有对仁义礼智一一说解。为什么？因为仁在儒家那里是全德，它可以涵盖其他的德性。这个意义上的“仁”等同于善性。

“夫仁，亦在乎熟之而已矣。”这里的“仁”具有动词性的蕴涵，“恻隐之心不是一种既定、完成的存在，从恻隐之心到仁有一个生长、发展的过程，正如树苗到树木有一个生长、发展的过程一样”[1]。若不加扩充，仁还不及稊稗。

善性之所以需要我们不断扩充、培养，还有一个原因：善性有时候会被我们放失。

孟子曰：“牛山之木尝美矣，以其郊于大国也，斧斤伐之，可以为美乎？是其日夜之所息，雨露之所润，非无萌蘖之生焉，牛羊又从而牧之，是以若

[1]梁涛编著:《孟子解读》，北京：中国人民大学出版社，2010年，第308页。

彼濯濯也。人见其濯濯也，以为未尝有材焉，此岂山之性也哉？”（《孟子·告子上》）

孟子一生多次到齐国，对齐国的山水十分熟悉。他说，在齐国都市的郊外有一座牛山，牛山的树木曾经很茂盛，因为靠近都市的缘故，经常被砍伐，它还能够茂盛吗？虽然它也像往常那样日夜都在生长，雨露也像往常那样在不断滋养着它，但是刚刚长出来的新枝嫩芽又被牛羊践踏了嚼吃了，因此现在的牛山之上才一片光秃秃，而失去了山林之美。人们见牛山光秃秃的样子，便以为它从来没有生长过树木，没有生长树木的能力，这难道是牛山的本性么？

孟子讲牛山之木，当然不是感慨齐国生态环境的恶化，而是借此指点我们，人的善性有时候会被自己破坏。他接着说：

虽存乎人者，岂无仁义之心哉？其所以放其良心者，亦犹斧斤之于木也，旦旦而伐之，可以为美乎？其日夜之所息，平旦之气，其好恶与人相近也者几希，则其旦昼之所为，有梏亡之矣。梏之反覆，则其夜气不足以存；夜气不足以存，则其违禽兽不远矣。人见其禽兽也，而以为未尝有才焉者，是岂人之情也哉？故苟得其养，无物不长；苟失其养，无物不消。（《孟子·告子上》）

以牛山的情况来比观我们人，在人的身上难道就没有仁义之心吗？人之所以丧失了良心，也是受到戕害的缘故，就像树木被刀斧砍伐一样，天天砍伐，它能茂盛吗？一个人他日夜所滋生的善心，清晨时接触的清明之气，使他产生的好恶也有与贤人相近的一点点，然而白天的所作所为，又将它禁锢窒息了。反复禁锢窒息，那么夜里所滋生的清明之气就不足以保存；夜里所滋生的清明之气不足以保存，那他就与禽兽相差不远了。人们见他像禽兽一样，就以为他不曾有过仁义的才质，这难道是人的实情吗？

所以，如能得到培养，没有东西不会生长；如果失去培养，没有东西不会丧失。

“平旦之气”和“夜气”是人养心的重要方法。孟子为什么特别重视“平旦之气”和“夜气”呢？徐复观认为：

孟子又在《告子上》的“牛山之木尝美矣”一章中提出“平旦之气”“夜气”，以为此是人的善端最易显露的时候，也是当一个人的生理处于完全休息状态，欲望因尚未与物相接而未被引起的时候；此时的心，也是摆脱了欲望的裹胁而成为心的直接独立的活动，这才真正是心自己的活动；这在孟子便谓之“本心”。心在摆脱了生理欲望裹胁时，自然呈露出了四端的活动。[1]

“放其良心”，是值得细细感悟的紧要处。

我们前面解过“放”字。“放”是形声兼会意字，本义为流放、驱逐，引申为放失、丢失等含义。

“放其良心”，就是丢失良心。

“心”的存在是极其微妙的，孔子曾经说过：“操则存，舍则亡；出入无时，莫知其乡。”你操持而保养它，它就存主于内；你舍弃而不保养它，它就亡失于外。心就是这样一个微妙之物，它的出入没有定时，也无法

[1] 徐复观：《中国人性论史 · 先秦篇》，北京：九州出版社，2014 年，第 156 页。

知道它的具体方位。

讲到这里，有一个结扣需要解开。通过前面的分析我们知道，心性是一体的，是人本有的存在。既然是本有的，怎么能“放失”呢？若会“放失”，就不是本有，就不能称为本性。所以对孟子讲的“放失其心”，不能僵化地理解为实然的丢失，而是虚然的隐喻。“放失其心”是说“心”被遮蔽的状态。心并无出入，只有隐显。“出而亡”就是被遮蔽而隐没，“入而存”就是因操持而显现。

“放失”解作遮蔽或更能体现孟子的本义。有个例证：

> 孟子谓高子曰：“山径之蹊间，介然用之而成路；为间不用，则茅塞之矣。”（《孟子·尽心下》）

高子是孟子的学生，却学不见道，孟子便用山间小路的成与废来说明本心的遮蔽与显现，希望能开示他。

孟子对高子说：“山间人行走的地方，一段时间人们坚持走的话就成了路；一段时间不走，茅草就会遮蔽堵塞它。现在‘茅草’遮蔽堵塞你的心了。”

人人都有善端。扩而充之的努力不齐整，便有人成为圣人，有人成为君子，有人成为平常人。平常人虽然没有像君子、圣人那么好，但毕竟不离善，与恶终究不相干；有些人耳目之官的欲望太盛，因而一心谋取私利，既遮蔽放失了本心，又侵犯伤害了他人，那就是恶人了。

无论是做一个善人，还是不做恶人，都应该时刻操持本心，而不要被外在世界的声色之美、财货之富、权势之贵搅动起无法抑制的欲望，从而造成本心的陷溺、梏亡，背叛了良知的召唤。只是，放眼现实的世界，孟子有点失望了。

> 孟子曰：“仁，人心也；义，人路也。舍其路而弗由，放其心而不知求，哀哉！人有鸡犬放，则知求之；有放心而不知求。学问之道无他，求其放心而已矣。”（《孟子·告子上》）

孟子说：仁，是人的本心；义，是人的正路。舍弃了正路不去行走，丢失了本心不知寻求，多可悲啊！家里有鸡犬走失了，人都知道去寻找回来，但是良心放失了，却不知道省思反求，这不是舍本逐末吗？什么是学问呢？学问之事，虽然不止一端，但重中之重，还是要“求其放心”。本心呈现做主，则清明志气，明通义理，明德明，良知致，下学而上达了。

“求其放心”，孟子的开示，对今天生活在市场经济环境下的我们似乎更有意义。

人有道德性之性，也有动物性之性，满足人正当的生理欲求，也是天经地义的。人生理欲求所需的一切，大都是由其他人制造的，而不可能是自己一个人制作出来的。人相互提供生活必需品，这样就产生了市场和职业。市场和职业自然需要谋利，但是，市场不能成为为了逐利而不择手段以至于伤害他人的角斗场；职业也不应该只是冷冰冰的谋生手段，而应该是人充满温情的一种生活方式。发展市场经济，从事某种职业，应该讲求道德，显现人的善性，完善人与人之间、人与物之间的关系，实现人生命的意义与尊严。

关于职业，前面我们引过孟子的一段话。

孟子曰：“矢人岂不仁于函人哉？矢人唯恐不

伤人，函人唯恐伤人。巫匠亦然。故术不可不慎也。”（《孟子·公孙丑上》）

前面对这段话已有讲解，这里再做一点补充。

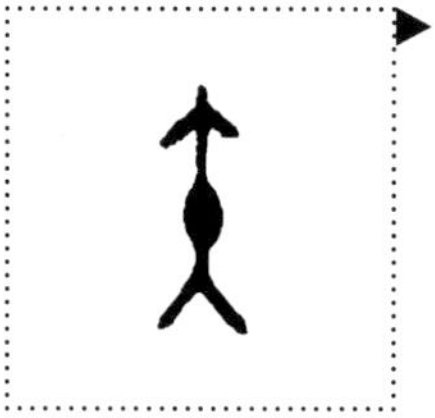

“矢”是象形字，由箭头、箭杆、箭末扣弦处和加在箭杆末梢部分的羽毛组成，本义为箭。

“函”也是象形字，象有存放箭矢的器具，俗称箭壶或者箭囊。后来也泛称盛放东西的器物为“函”。把箭装起来便是矢函；把写好的书信封起来就是信函；把人包起来就是铠甲。

从社会分工上看，矢人与函人，巫与匠，一个都不能缺少，所以，职业不是用来判别仁与不仁的标准。不过，市场竞争、职业环境对人的成长影响还是很大的，从事不同的职业，在追求利益的时候，会涉及道德选择的问题，比如作为造棺材的匠人，不能为了获利而盼着多死几个人，等等。所以孟子说，从事某种职业获取利益，需要谨慎。当然，市场竞争、职业环境只是外因，影响职业道德的关键还是人。

“术”在这里应该作动词使用，就是通过职业劳动维持生活。“慎”体现我们的态度。什么态度？对待义与利的态度。在谋求利益的时候不能忘记道义，要见利思义，先义而后利。总之，还是我们刚才讲的那句话：市场不能成为为了逐利而不择手段以至于伤害他人的角斗场；职业也不应该只是人冷冰冰的谋生手段，而应该是人充满温情的一种生活方式。

反身而诚

储子曰：“王使人瞯夫子，果有以异于人乎？”孟子曰：“何以异于人哉？尧舜与人同耳。”（《孟子·离娄下》）

“瞯”是窥视的意思，字形造得非常形象：从门缝

里看人。从门缝里看人可不就是窥视吗！

齐国人储子说，先生您名头太大了，齐王就曾派人暗中观察您，看您与一般人有什么不同之处。孟子说，我哪里有什么与别人不一样的地方呢，尧舜与人也是一样的。

孟子不仅认为尧舜没有什么特殊的地方，而且还相信人皆可以为尧舜。孟子为什么对人有这样强烈的信任？因为人皆有善性，在善性上每一个人都是平等的。尧舜之所以伟大，不过是他们能够明察事物，洞察人伦，顺着善性而有所作为罢了。

孟子性善论的提出，赋予了人向善的自信，也赋予了人向善的责任。怀着这样的自信与责任，明察事物，洞察人伦，顺着善性而有所作为，人的生命境界将得到升华、圆满。

> 可欲之谓善，有诸己之谓信，充实之谓美，充实而有光辉之谓大，大而化之之谓圣，圣而不可知之之谓神。（《孟子·尽心下》）

善、信、美、大、圣、神，这就是孟子所说的“由仁义行”，最后能够达到的六个境界。

前面我们提到杨泽波先生，杨先生写过一篇论文——《孟子理想人格的思想与践行》。我读过之后，对《孟子》上面的话有了一点感悟，就编了一条微信发给他，向他请教：

> 善是自然而然地沿着人心的自然趋向而为（沿着人心的自然趋向，必然走向善的方向，人也就成了善人）；信是自觉地循着人善良的本性而为（信不是对他人诚信，而是真诚地对待自己）；美是善、信的行为积累起来，使得内心充实，充满愉悦而不为外界所干扰；大是善行的积累由内而外，见于面，盎于背，因善行而变化气质影响周围的人，

"'孝乎惟孝，友于兄弟，施于有政。'是亦为政"；圣是一人之善行，天下归化，大道周行，所谓"修己以安百姓""何事于仁，必也圣乎"；神谓"圣而不可知之"。强为之解：圣而若庸，智而若愚，正而若偏，众人对圣人之所作所为不知、不解，甚至怨恨，圣人对众人则是"人不知而不愠"。

杨泽波先生回复：深得我心。

先生还说："孟子关于理想人格的思想与践行，是《孟子》中最感人肺腑、震撼人心的篇章，每逢读到这些，面对孟子中骨挺立、一身傲气的伟大形象，对比自己的渺小浅陋，无不悴然心动、汗颜不已。……孟子理想人格的思想与践行，光彩照人，催人奋进，成为后世志士仁人取之不尽，用之不竭的精神源泉。"[1]

我们今天讲孟子的性善论，感受孟子的善良，我想也应该得到这样的启示。

---

[1] 杨泽波：《孟子理想人格的思想与践行》，《中国文化研究》1998 年春之卷。

万物皆备于我矣。反身而诚，乐莫大焉。强恕而行，求仁莫近焉。（《孟子·尽心上》）

孟子说：“万物与我为一体。反省自己达到了真诚，没有比这更让人快乐的了。努力践行推己及人的恕道，没有比这更容易达到仁的了。”

“万物皆备于我矣”，充满着神秘。通过自我“反身而诚”“强恕而行”，我的善性得以扩充培养，此时的我就不再是一个个体的存在，天地万物之道在我的身上就得到体现，使我与天地万物一体同仁。这就像大海里的一滴水一样，它虽然是一滴水，却具有大海所有的品质。有了这种体验、这种实践，不仅人际、社群关系和谐、人类大同，而且人与自然也和谐相处——天人合一了。这是多么美好、令人神往的境界！

“万物皆备于我”的境界是神秘的，通往这神秘境界的道路却是简单平易的：

仁之实，事亲是也；义之实，从兄是也；智之实，知斯二者弗去是也；礼之实，节文斯二者是也；乐之实，乐斯二者，乐则生矣。生则恶可已也，

恶可已，则不知足之蹈之、手之舞之。（《孟子·离娄上》）

仁义礼智是人的善性，又是人们的日常生活：仁的实质，是侍奉父母；义的实质，是顺从兄长；智的实质，是明白仁义二者的道理而执着地坚持下去；礼的实质，就是调节修饰仁义二者；乐的实质，就是对仁义二者感到快乐，快乐由此而生。由此而产生的快乐是不可遏止的，不可遏止就会情不自禁地手舞足蹈起来了。

大家都有这样的生活经验，当我们积极向善、行善的时候，总能感到一种“乐”，这种“乐”油然而生，情不自禁，“不知足之蹈之、手之舞之”。为什么会这样呢？因为善性是我们真正的本性，扩充培养实践善性，努力成为善人、贤人、圣人是符合我们本性本心的，符合本性本心的行为，就会内外和谐让我们快乐。相反，为恶则会戕害人性，使人感到不自然、不快乐。

最后，再给大家解一个字：

“乐”（樂）是会意字。从（丝），从（木），乐器之弦系于木架上。“乐”的本义是乐器，引申为音乐、乐工、快乐、喜好等。

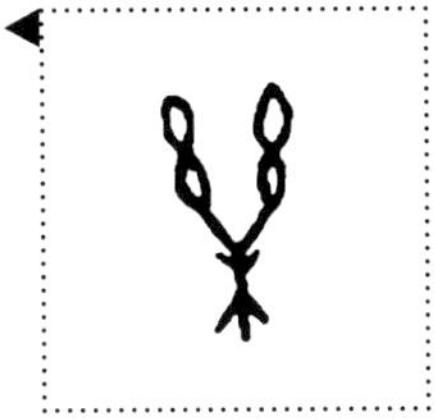

非常有意思的是，“乐”字的字形在后来演变成，越来越像一个人在快乐地跳舞！字形上的演变展现出由乐器、音乐到快乐这样一种由外而内的轨迹，它是否也体现了“反身而诚，乐莫大焉”的理路呢？

希望大家记住孟子指点给我们的快乐，并让我们在快乐的心态之下去感受、理解、践行孟子的教诲，让我们在不断追求仁义礼智信的过程中，展现生命的意义和尊严！

品味孟子的药方之不忍人之心

天地万物之中，任何一个个体都有其存在的特质，这个特质使得每一个个体都有其不同于他者的存在样貌；个体存在的特质，人们习惯上称之为“性”，人的存在特质即“人性”。

前面我们解过“人”字，知道“人”是象形字。甲骨文写作，象人的侧面形象，由直立行走的躯干和创造性劳动的手臂组成。直立行走、创造性劳动，正是人由野蛮走向文明的两大要素。

从动物性的欲求和本能上看,人与禽兽差别并不大，那么人与禽兽最大的区别在哪里呢？孟子认为人与禽兽最大的区别在于人有善性。

孟子性善论中有几句非常重要的话，需要在这里重复强调：

第一句话，“人皆有之”。人人都有善性，善性是一个普遍的存在。这说的是善性的普遍性。

第二句话，“此天之所与我者”。人的善性是天赋的，是与生俱来的，也就是《中庸》所讲的“天命之谓性”。天命天道贯注到人的生命之中，就成为人的善性，它是一个超越性的存在，天就是它超越的根源。这说的是善性的超越性。

第三句话，“仁义礼智根于心”。以善心言善性，说明善性既是超越性的，也是内在于人的生命之中的。人道就是天道，天道就是人道；善性就是本心，本心就是善性。这说的是善性的内在性。

第四句话，“恻隐之心，仁之端也；羞恶之心，义之端也；辞让之心，礼之端也；是非之心，智之端也”。善性本心是普遍性、超越性、内在性的存在，但并不是说我们每一个人生下来就是孔子。善性本心在人生命的初期是极其微弱的，就像一棵小幼苗，从善端到善性需要一个扩充培养的过程。这说的是善性的成长性。

第五句话，“茅塞子之心”。本心如山间小路一样，用则成，不用则废，后天的修养不仅可能而且必需。这说的是善性本心的遮蔽性。

性善论是孟子思想的基础，孟子所讲的修身、齐家、治国、平天下的道理，都由此而来。我们曾说过，儒家的学问、孟子的思想，不是简单的书本上的东西，不是抽象的逻辑思辨，而是深深植根于人的生命之中，是对我们生命的亲切指点。孟子的思想只有落脚到我们人的生命之中才有意义。孟子的思想是如何落脚到我们人的生命之中的呢？有两个面向：修己与安人。

我把孟子这两个面向的论述概括为“孟子的药方”。把圣人的思想看作药，不是我的创见，我是受朱熹、梁启超说法的启发。朱熹说：

> 今读书紧要，是要看圣人教人做工夫处是如何。如用药治病，须看这病是如何发，合用何方治之；方中使何药材，何者几两，何者几分，如何炮，如何炙，如何制，如何切，如何煎，如何吃，只如此而已。（《朱子语类·读书法上》）

梁启超也曾经说过：

> 为修养受用起见，《论语》如饭，最宜滋养；《孟子》如药，最宜祓除及兴奋。（《要籍解题及其读法·读〈孟子〉法》）

孟子给我们开了两副药方，一副是内服的药方，叫不忍人之心，这是讲修己的；一副是外敷的药方，叫不忍人之政，这是讲安人的。修己与安人不是两件截然不同的事情，它们紧密联系，不可分割。修己是安人不可缺少的条件，安人是修己必然的延伸。

大家可能会问：2300 多年之前孟子给我们开的这两副药方，分别用了哪几味药？2300 多年之后，还有没有药效？这就是我们这一讲和下一讲要解决的问题。

让我们先来品味孟子“内服的药方”——不忍人之心。按惯例，我们先来解字：

“品”是会意字，甲骨文写作。以“口”表示人，人多则口杂，会意为品评、辨别。

《说文解字》：“品，众庶也。”段注：“人三为众，

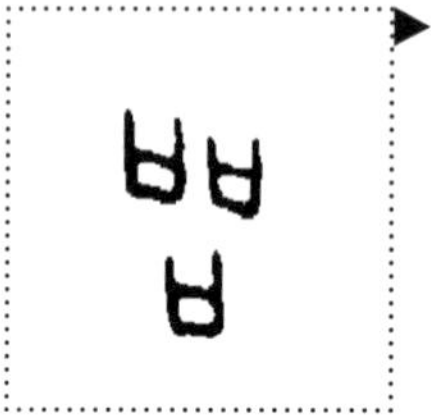

故从三口，会意。”段玉裁认为，“口”表示人，三“口”表示人员众多，与“众”的构字原理相同。这样，“品”的本义是众多，品评、辨别就是引申义，可备一说。

“味”是个会意兼形声字，从口从未，未亦声。字形始见于战国文字，作。小篆写作。从口，表示品尝味道；未声兼义。“未”象树木枝叶茂盛的样子。枝叶繁盛则果实皆成，有滋味可以品尝。故“味”的本义指品尝、滋味、味道等。

孟子给“内服的药方”不忍人之心配了四味药：仁、义、礼、智，我们来慢慢品味。

第一味药：仁

《说文解字》说：“仁，亲

也。从人从二。”从字形上我们可以体悟到，“仁”讲的是人与人之间的关系。一个人产生不了仁，只有生活在人群中的人才能产生仁。仁是人与人之间最温暖的需要。所以，孔子说：“仁者，爱人。”值得注意的是，“仁”还有另外一种写法：。

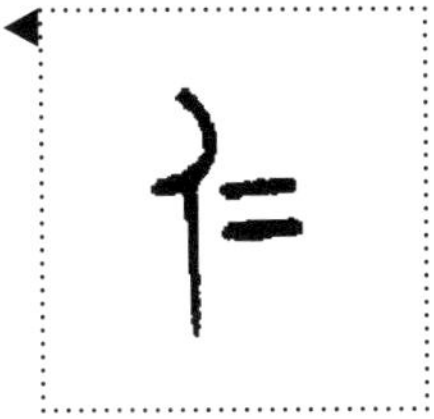

在郭店出土的竹简中，“仁”写作上“身”下“心”。身是人的肉体，心是人的灵魂，人的肉体与灵魂合二为一就是人自己。人自己也是“仁”，这就提示“仁”不仅是外在的人与人之间关系的需要，还是人之为人的需要，是人之为人的必要条件。所以，孟子讲：“仁也者，人也。”

在上一讲我们讲过，孟子用一个非常简单而蕴意深刻的故事，启示我们每一个人都有与生

俱来的善性。我们有必要把那个故事再温习一下：

> 今人乍见孺子将入于井，皆有怵惕恻隐之心——非所以内交于孺子之父母也，非所以要誉于乡党朋友也，非恶其声而然也。（《孟子·公孙丑上》）

在突然间发现路边有一个小孩马上就要掉到井里去的时候，我们每一个人都会有“怵惕恻隐之心”，都会为那个孩子担心害怕，然后我们一定会紧走几步，赶快把孩子从井口边救离。在救孩子的一瞬间，我们不会想因此而从他父母那里得到点好处；在救孩子的那一瞬间，我们不会想事后回到单位向同事向领导显摆；我们也不是因为讨厌听到孩子的哭声，才去救孩子的。孟子指点我们，是“恻隐之心”驱使我们去救了那个小孩，而“恻隐之心”是我们每一个人都具有的、与生俱来的、不需要学习、不需要思考就拥有的东西！

“恻隐之心”就是不忍人之心，就是仁爱之心！仁爱之心是人不同于禽兽的地方，它对于人类以及人类的文明非常重要。有了这颗仁爱之心，我们才能以我之心度他人之腹，乐人之乐，忧人之忧；有了这颗仁爱之心，我们才能像孔子说的那样，“己欲立而立人，己欲达而达人”“己所不欲，勿施于人”；有了这颗仁爱之心，人和人之间的关系才能走向融洽，社会才能走向和谐，人类才能走向文明。

人的善性，既超越性地受之于天（天之所与我），又内在性地根植于心（我固有之）。心性一体，性静而心动，静则不显，动则可察。人的善性在心的能动下，表现为人行动、情感上的恻隐、羞恶、恭敬、是非。孟子说：

> 恻隐之心，人皆有之；羞恶之心，人皆有之；恭敬之心，人皆有之；是非之心，人皆有之。恻隐之心，仁也；羞恶之心，义也；恭敬之心，礼也；是非之心，智也。仁义礼智，非由外铄我也，我固有之也，弗思耳矣。（《孟子·告子上》）

同时，孟子又告诉我们：每一个人都具有与生俱来的善性善心，并不是说我们每一个人生下来就是孔子，上天赋予我们的善性善心，在人生命的初期，其能力是极其微弱的。上天赋予我们的仅仅是一个“善端”，就像植物的幼苗一样：

> 恻隐之心，仁之端也；羞恶之心，义之端也；辞让之心，礼之端也；是非之心，智之端也。人之有是四端也，犹其有四体也。（《孟子·公孙丑上》）

人的一生应该是对仁、义、礼、智善端不断培养、扩充，使之成为仁、义、礼、智四德的过程。这个过程在儒家那里叫作“修身”。

“修”是会意字，金文写作，是人形，是人手里拿着搓澡工具，是污垢，会意一个人在洗澡。后加成为。表示

洗澡后容颜焕发。“修”的本义是洗澡，引申为文饰、学习、儆戒、编撰等。[1]

洗澡可以清除身上的污垢，让我们容颜焕发；修身可以清除心灵上的污垢，让我们内在的善性得以张扬。

人的一生既然是对仁、义、礼、智善端不断培养、扩充，使之成为仁、义、礼、智四德的修身过程，那么这个过程从哪里开始呢？

儒家认为，孝敬父母、尊敬兄长就是修养仁爱之心的开始：

孝弟也者，其为仁之本与！（《论语·学而》）

“为”是会意字，甲骨文写作，从爪（），从象（），

[1] 参见李学勤主编：《字源》，天津：天津古籍出版社；沈阳：辽宁人民出版社，2012 年，第 788 页。

人用一只手牵着一头象，会意劳作。

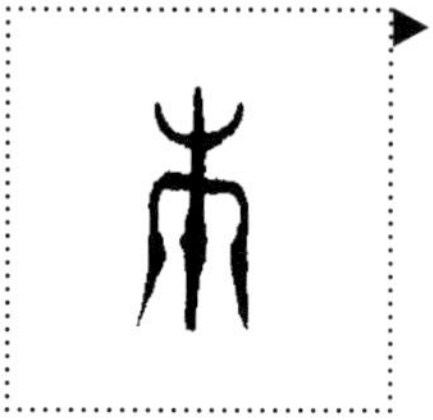

“本”是指事字，金文写作，在“木”字象树根的部分加“ • ”，作为指示字义的符号；战国文字变点为短横，变成，为后世所本。[1]

“为仁”就是行仁，行仁就是修身；“本”原指树根，树根是树生长的起点、开始；“为仁之本”就是修身的起点、开始。修身的起点、开始在哪里？在“孝弟（古同悌）”，孝敬父母、尊敬兄长就是我们修身的起点、开始。

什么是“孝”？欲知“孝”，先看“老”。

“老”是会意字。甲骨文写作，象一个披头散发、还有点驼背、手里拄着拐杖的人。古人

[1]李学勤主编:《字源》，天津：天津古籍出版社；沈阳：辽宁人民出版社，2012年，第503页。

认为身体发肤都是父母赐予的，应该爱惜、保护，所以古人没有特殊的情况，从出生到去世不理发，到他年龄大的时候，头发就会很长。因为年龄大不方便打理头发，就披头散发了；因为年龄大有点驼背、行动不便，就需要拄着拐杖。披头散发、有点驼背、行动不便就成了老年人的基本特征。“老”的本义是老年人，引申为晚年、对年纪大的人的尊称、敬老、养老等。

知道了“老”，再来解“孝”就简单了。

“孝”与“老”唯一不同的地方是老年人手里的拐杖变成子女的子()。什么是“孝”？“孝”就是在父母年老体弱，生活、行动各方面都不方便的时候，子女要做他的“拐杖”。这就是“孝”，

这就是“孝”的本义。

儒家非常重视孝道，其孝道内涵极其丰富。

> 子游问孝。子曰：“今之孝者，是谓能养。至于犬马，皆能有养。不敬，何以别乎？”（《论语·为政》）

子游问什么是孝。孔子说：“如今所谓的孝，只是说能够赡养父母。那么就是犬马也都要得到饲养。如果不存心孝敬，那么赡养父母与饲养犬马又有什么不同呢？”

> 孟子曰：“世俗所谓不孝者五：惰其四支，不顾父母之养，一不孝也；博弈好饮酒，不顾父母之养，二不孝也；好货财，私妻子，不顾父母之养，三不孝也；从耳目之欲，以为父母戮，四不孝也；好勇斗很，以危父母，五不孝也。”（《孟子·离娄下》）

孟子说，一般人们认为不孝有五种：四肢懒惰，不去奉养父母，是一不孝；好赌博、好饮酒，不去奉养父母，是二不孝；贪财、偏爱妻子儿女，不去奉养父母，是三不孝；放纵声色欲望，名声不好，使父母蒙受羞辱，是四不孝；逞强斗狠，违法犯罪，连累父母，是五不孝。

孝不是简单的衣食供养，也不单单是尊亲；孝（包括悌）是为仁的开始，它是仁的重要组成部分，但不是仁的全部。孝的价值，只能在从孝（包括悌）到仁的推己及人的过程中得以完成、得以圆满。

孔子说："子生三年，然后免于父母之怀。"人从出生到三岁之前不会走路或走不好路，需要在父母怀抱中度过，所以在父母去世之后，子女要守孝三年，以回报父母的养育之恩。其实父母对我们的恩情何止三年？又哪是三年可以报答得了的呢！

吉林《城市晚报》报道：吉林白山一位家境贫寒的妈妈患上了癌症，在与癌症搏斗的 15 个月里，她为自己 9 岁的儿子编织了他 25 岁之前所需的所有毛裤。

慈母手中线，游子身上衣。天下的父母都是一样的！为了子女的幸福，他们可以付出一生的辛劳，无怨无悔。

2016 年 10 月 10 日，温州有一栋楼突然坍塌了。

楼里有一家三口人，年轻的父亲母亲和一个三岁的女儿。在楼塌下来的一瞬间，父亲本能地扑到女儿的身上，母亲扑在了父亲的身上！父母的爱，瞬间化作两具僵硬的躯体；但是，这两具僵硬的躯体充满了爱的温度！他们共同为三岁的女儿构筑了牢不可破的生命的堡垒——女儿活下来了。

天下的父母都是一样的，为了子女的幸福，他们可以付出自己的生命！在他们付出自己生命的时候，不需要哪怕一秒钟的犹豫！

我们每一个人都享受着父母这样的恩赐，面对这份恩赐，我们如何才能报答呢？是每个月给几百元的生活费吗？是假期做一次匆匆忙忙的问候吗？还是到父母去世之后才恍然大悟，然后在痛苦的思念中守孝三年呢？远远不够！“谁言寸草心，报得三春晖”啊！

那么怎样才够报答父母的恩情呢？我们来听一听圣人的教诲：

> 身体发肤，受之父母，不敢毁伤，孝之始也。立身行道，扬名于后世，以显父母，孝之终也。（《孝经·开宗明义》）

孔子说，“身体发肤，受之父母，不敢毁伤，孝之始也”，因为身体是父母所赐而爱惜身体，不轻易伤害它，这仅仅是孝的开始。“立身行道，扬名于后世，以显父母，孝之终也”，不断地修养自己，扩充自己内在的善性，并且通过自己的修养让周围的人得到安顿得到幸福，这样你就能在社会上赢得一个好名声，你的父母会因此而感到骄傲和自豪，甚至在他们去世以后，也能够给他们带来荣耀。这才是儒家讲的“孝之终也”，这才是儒家讲的大孝。

儒家的伟大也正在于此，它教化我们要将血缘亲情推及开来。推己及人干什么呢？孟子说：

> 老吾老以及人之老，幼吾幼以及人之幼。（《孟子·梁惠王上》）

我爱我的父母。因为我爱我的父母，推己及人，我也爱别人的父母。我爱自己的孩子。因为我爱自己的孩子，推己及人，我也爱别人的孩子。有了推己及人，我们的血缘亲情就变成了一种人间的大爱！

在儒家看来，回报父母的养育之恩，不仅要孝敬自己的父母，还要推己及人，使之变成人间大爱！具有了这种大爱之心的人，就是一个仁者，一个文质彬彬的君子！

第二味药：义

“義”（义）是会意字，甲骨文写作。《说文解字》说：“義，已之威仪也，从我、羊。”就是“羊”，就是“我”。“我”最初的意思不是现在作为第一人称代词的“我”，而是古代一种类似戈的兵器。“我”既然是一种兵器，那“从我、羊”的“義”字就和打仗有关系。古人讲：“国之大事，在祀与戎。”（《左传·成公十三年》）祭祀、打仗都是古代国家的大事。打仗之前，还要祭祀。怎么祭祀呢？就是把羊杀

了，把羊头挂在兵器“我”上祭祀。为什么要祭祀？因为打仗是“国之大事”，所以要告知天地、祖先，申明为什么要打仗，也就是讲清楚打仗的正当理由，以祈求天地、祖先保佑打胜仗。由此，“义”就有了道义、正义、合情、合理、合法的含义。《释名·释言语》：“义，宜也。裁制事物使合宜也。”

“义”在孟子思想当中是极为重要的一德。朱熹《四书章句集注·孟子序说》中引程子的话说：

> 孟子有功于圣门，不可胜言。仲尼只说一个仁字，孟子开口便说仁义。仲尼只说一个志，孟子便说许多养气出来。只此二字，其功甚多。

今天的山东省邹城市市区有一座著名的古代建筑——孟庙。在孟庙主体建筑亚圣殿的前边有东西两庑，两庑里面供奉着一些人，这些人与孟子一起接受人们的祭祀。他们是孟子的学生和历代对继承弘扬孟子思想有贡献的人，其中就有钱唐。

钱唐是明代朱元璋时期的人，他博学敦行，官授刑部尚书。据史书记载，朱元璋曾经读《孟子》，读到“民为贵，社稷次之，君为轻”的时候，他就有些不高兴。朱元璋虽然是乞丐出身，但一旦当了皇帝，便与老百姓不一心了，因此，看到孟子说老百姓比君王还尊贵，他不高兴了。后来读到“君之视臣如土芥，则臣视君如寇仇”的时候，更是勃然大怒，说：“孟子这个老家伙要是活到今天，我非砍了他不可！”但是孟子早死了，没法砍啊，为了出这口恶气，朱元璋就下令将孟子从孔庙大成殿的四配中撤了出去。

什么叫“四配”呢？在中国古代，从孔子去世后的第二年起，就渐渐形成这样一种文化传统：每一个城市都要建文庙祭祀孔子。文庙的主体建筑是大成殿。大成殿的正位祭祀孔子，颜子、曾子、子思、孟子在两侧配享，东位西向的是复圣颜回和述圣孔伋，西位东向的是宗圣曾参和亚圣孟轲，合称“四配”。朱元璋下令，把孟子从四配当中撤出去，不让他享受这个待遇，而且不允许任何人提反对意见，谁敢反对，以大不敬论处。他命令侍卫拿着弓箭在朝堂上站着，谁来提反对意见，就射死谁。

朱元璋说杀人，那可不是闹着玩的事情。有人做了一个统计，二十四史记载的所有帝王中，杀官员最多的就是朱元璋。《明史》记载，官员早上上朝之前，先跟家人诀别，因为不知道这天还能不能活着回来。

但是有一个人非要提意见。这个人就是钱唐。钱唐把上衣脱掉，让家人抬着棺材，上朝进谏。来到朝堂之上，侍卫“嗖嗖嗖”连射三箭，钱唐鲜血直流。但钱唐毫不畏惧，依然往前走，还大声疾呼：“臣为孟轲死，死有余荣。”朱元璋被他的凛然正气所震慑，便收回了命令。这样孟子才得以继续配享孔子，享受四配的待遇。

孟子的后人为了感恩钱唐，便在孟庙的前面西侧，建了一个报德祠，专门祭祀钱唐。遗憾的是，这个报德祠建好以后，没过多长时间就被毁坏了，好在给钱唐塑造的像还完好无损，孟家人就把它搬到了亚圣殿前面的东庑里。

故事到这里还没有结束。

一转眼就到了清代。丁宝桢做山东巡抚的时候，孟府孟庙已经破败得不像样子，丁宝桢就拨款来维修，派幕僚陈锦做监工。

在孟庙两庑里配享孟子，虽然比不上孔庙的“四配”那样拥有崇高的地位，但也是很高的礼遇。

入祭两庑的人，官方都有名册。陈锦当天来到孟庙，拿着官册到两庑对号察看，因为官册上没有钱唐的名字，他就下令将钱唐的像搬走。搬到什么地方呢？在西庑的南面有一个小院子叫致严堂，就搬到那里面。

古代孟家人在祭祀孟子的时候，要先到致严堂里面沐浴斋戒。古人做事情很讲究，不像我们现在，前一天晚上还和朋友胡吃海喝，第二天一大早就开着车回家祭拜祖宗去，哪儿有一点敬意！

把钱唐的塑像搬到致严堂，陈锦当天晚上也住在里面。睡到半夜，陈锦做了一个梦，梦见钱唐来找他。钱唐说，你这个小子为什么把我搬到这个地方来了？陈锦吓得再也睡不着了，第二天一大早就急忙问孟家的人，这是怎么回事啊？我怎么做了这样奇怪的梦？这人是谁啊？孟家人如此这般把钱唐的事告诉了陈锦，陈锦一听，懊悔不已，立即将钱唐的像请回东庑，还将钱唐的名字入了官册，排在唐代大文豪韩愈之后从祀孟子，一直到今天。不过，现在塑像已经没有了，只有牌位。

钱唐“为孟轲死，死有余荣”的豪言壮举体现了强烈的道义精神，是对文化的坚守，是对社会正义的捍卫！其思想的来源正是孟子的义德——大丈夫精神、浩然之气。

什么是大丈夫精神？我们先来看看“大”“丈”“夫”三个字。

“大”是象形字。它的甲骨文象一个两手伸开、两腿分立的成年人的正面，以后字形一脉相承。“大”的本义指大人，引申为年长等。

《说文解字》:“丈，十尺也，从又持十。”“丈”的字形象以手持杖，手持的杖可能为十尺之长度的标尺。一般成年人的身高近丈，所以又称“丈夫”，或“丈”。

“夫”是指事字。从大（成年人），从一（发簪）。古代男子成年后需束发加冠。“夫”本义为成年男子。《说文解字》：“夫，丈夫也。”

“大丈夫”，不是说像姚明一样身材高大的男人。“大丈夫”

不是生理意义上的，而是德性意义上的，一个人有高尚的品格和尊严才能叫“大丈夫”。

> 居天下之广居，立天下之正位，行天下之大道。得志，与民由之；不得志，独行其道。富贵不能淫，贫贱不能移，威武不能屈，此之谓大丈夫。（《孟子·滕文公下》）

孟子说：“居住在天下最广阔的仁宅里，站立在天下最正确的礼的位置上，行走在天下最广阔的义的大道上。能实现志向，就与百姓一起实行；不能实现志向，就独自行道，还要有道德操守。富贵不能引诱他，贫贱不能改变他，威武不能屈服他，这样的人才称得上大丈夫。”

朱熹在《孟子集注》此章下，引何叔京语感慨道：

> 战国之时，圣贤道否（pǐ），天下不复见其德业之盛；但见奸巧之徒，得志横行，气焰可畏，遂以为大丈夫。不知由君子观之，是乃妾妇之道耳，何足道哉？

说起大丈夫，一般仅引用“富贵不能淫，贫贱不能移，威武不能屈”这三句，以为这就是大丈夫，其实这是不全面的。“富贵不能淫，贫贱不能移，威武不能屈”，这是大丈夫不得志的状态；大丈夫还有得志的状态——“居天下之广居，立天下之正位，行天下之大道”。只有把得志与不得志这两块合在一起，才是完整的大丈夫。真正的大丈夫不仅要独善一身，还要成就一番事功，修已以安人。

什么是浩然之气？

“浩”是会意兼形声字。从水从告，告亦声。《正字通·水部》：“浩，大水盛貌。”《虞书》：“洪水浩浩。”“浩”的意思是水势盛大。为什么“浩”能表达这个意思呢？这与“告”

有关。“告”既是声旁，也表意。告，从牛从口，本义是敬献牛向神灵祈福、祷告的意思。也许人在祈福、祷告时敬畏、庄严的心理与人看到大水时的心理有通感，从水从告的“浩”字便有了水势盛大的意思。

> “敢问何谓浩然之气？”
>
> （孟子）曰：“难言也。其为气也，至大至刚，以直养而无害，则塞于天地之间。其为气也，配义与道；无是，馁也。是集义所生者，非义袭而取之也。”（《孟子·公孙丑上》）

学生问孟子：什么是浩然之气？

孟子说，这很难说清楚。作为一种气，它最伟大最刚强，用正确的方法去培养而不加伤害，它就会充满天地之间。

一般都认为浩然之气只是至刚的，其实这是不完整的理解。浩然之气是至刚的，有了至刚它才能顶天立地；浩然之气同时还是至大的，有了至大它才能充塞天地之间。何为“至大”？“至大”便是仁。何为“至刚”？“至刚”便是义。有了仁、义，有刚有柔，亦刚亦柔，才能顶天立地，充塞天地之间。

浩然之气如何培养呢?

孟子说，作为一种气，它必须用义与道去培养，否则就会显得软弱无力。具体的办法就是集义。集义就是时时刻刻按道德的要求去做人做事，那样的话，身上就会慢慢积累起来浩然之气。义袭即袭义。与集义相反,只是凭心情、偶尔按照道德的要求去做人做事，不高兴便做两件坏事，这样永远也养不起浩然之气。就像气球一样,看着鼓鼓的,一针扎下去,它就疲软了。

历史上，真正的知识分子，在孟子的“大丈夫精神”“浩然之气”的影响下，都有一种“修身、齐家、治国、平天下”“舍生取义，杀身成仁”的理想和气度，为了这个理想和气度，他们“爵禄可辞，白刃可蹈”!

有了孟子所倡导的大丈夫精神、浩然之气，才有了文天祥的“人生自古谁无死，留取丹心照汗青”，才有了林则徐的“苟利国家生死以,岂因祸福避趋之”，才有了戊戌变法失败后，谭嗣同的“我自横刀向天笑，去留肝胆两昆仑”!

孟子的大丈夫精神、浩然之气，更是影响了无数普普通通的知识分子。

在抗日战争中，300 万川军出川参与战斗，64 万多人伤亡，参战人数之多，牺牲之惨烈，居全国之冠。而在这些可歌可泣的川军战士中，有这样一位，他带着父亲缝制的“死字旗”冲杀战场，最后活着回到了四川。这位战士就是王建堂。

王建堂在将要出征时收到了父亲寄来的包裹，包裹里是一面大白布做成的旗帜。旗的正中写着一个悲壮的“死”字！“死”字的右边写着“我不愿你在我近前尽孝，只愿你在民族分上尽忠”，左边写着“国难当头，日寇狰狞。国家兴亡，匹夫有分。本欲服役，奈过年龄。幸吾有子，自觉请缨。赐旗一面，时刻随身。伤时拭血，死后裹身。勇往直前，勿忘本分！”

正是有了孟子所倡导的大丈夫精神、浩然之气，正是有了在孟子大丈夫精神、浩然之气感召下的无数舍生取义的志士仁人，我们中华文化才有了不屈的脊梁！我们中华文化才有了岩岩泰山之气象！我们中华文化才能传承几千年，至今仍然强健不息！

当然，讲到义德，我们还应该了解孟子思想中另外一个非常重要的内容，那就是义利之辨。

陈来先生指出：义利之辨是我们传统价值观的核心。

在讲义利之辨之前，我们先解字。

“利”是会意字。甲骨文写作，从刀（）从禾（），象人拿一把刀收割庄稼。“利”的本义是以刀割禾，引申为好处、利益、锋利等。

“取”，甲骨文写作，象一个人的手抓着另外一个人的耳朵。《说文解字》：“取，捕取也。从又从耳。”《周礼》：“获者取左耳。”它的造字与古代打仗有关系。古代打仗以杀敌数计算战功，打仗的时候，打死一个敌人就把他的左耳朵割下来，放到兜里，打完仗凭割取敌人耳朵的数量计算战功。“取”的本义就是割取敌人的耳朵，引申为获取。

金庸先生在《神雕侠侣》中写道：

史伯威指着五只皮袋道："这是神雕侠送给姑娘的第一件生辰礼物。"

郭襄笑道："真是生受不起。那是甚么啊？嗯，我猜你的皮袋里装着一只小老虎，他的装着一只小豹子，是不是？那倒好玩得紧。"

史伯威摇头道："不是，这件礼物，是神雕侠率领了七百位江湖好手去办来的，费的气力可真不小。"说着打开手中的皮袋。郭襄探头往袋口一张，大吃一惊，叫道："是耳朵！"

史伯威道："正是！五只皮袋之中，共是两千只蒙古兵将的耳朵。"

郭襄尚未会意，惊道："这许多人耳朵，我……我要来干么？"郭靖、黄蓉却听得分明，一齐离座，走到史伯威身前，就皮袋中一看，再想起适才探子之言，不由得惊喜交集。

黄蓉道："史大哥，原来新野和邓州城郊的蒙古兵，是神……神雕侠率人所杀？"

金庸先生编的这段故事，就是取材于"取"字的造字原理。从"取"字的造字原理，大家应该可以隐约感觉到，一个人只是一味地强调获取私利，往往会伤及他人。如果每一个人都只是一味地强调获取私利，就一定会伤及社会，最后伤及我们每一个人。

让我们回到《孟子》：

> 孟子见梁惠王。王曰："叟！不远千里而来，亦将有以利吾国乎？"
>
> 孟子对曰："王何必曰利？亦有仁义而已矣。王曰'何以利吾国？'大夫曰'何以利吾家？'士庶人曰'何以利吾身？'上下交征利而国危矣。万乘之国弑其君者，必千乘之家；千乘之国弑其君者，必百乘之家。万取千焉，千取百焉，不为不多矣。苟为后义而先利，不夺不餍。未有仁而遗其亲者也，未有义而后其君者也。王亦曰仁义而已矣，何必曰利？"（《孟子·梁惠王上》）

孟子去见梁惠王，刚见面梁惠王就问："老先生，您不远千里而来，将给我的国家带来什么利益呢？"

这里大家要明确一点，梁惠王说的"国"，与我们今天常说的国家不同，这个"国"是梁惠王的封地，是他的私有财产。

面对梁惠王的提问，孟子的回答是："王何必曰利？亦有仁义而已矣。"大王不要一天到晚说私利，只要倡导仁义就可以了。

孟子为什么这样回答呢？他有很具说服力的理由："大王说'怎样才对我的国家有利？'大夫们就会说'怎样才对我的家族有利？'士、平民就会说'怎样才对我自身有利？'这样的话，整个国家的人在你的带领下，都围绕自己的私利去行动，而且大家在争取私利的时候，都认为自己这样做是正当的，这样国家就危险了。拥有万辆兵车的国家，杀害其国君的，一定是拥有千辆兵车的家族；拥有千辆兵车的封地，杀害其国君的，一定是拥有百辆兵车的家族。万份中占有千份，千份中占有百份，不能算是不多了，如果人们重利而轻义，不全部抢夺到自己手里就不会满足。没有重视仁而遗弃父母的，没有喜好义而不顾及君主的。大王只要讲仁义就可以了，何必张口闭口谈利呢？"

对"上下交征利"的"征"，一般的注释就是"争取"，其实这个"征"的意义更深刻。孟子说"征者，上伐下也，敌国不相征也"（《孟子·尽心下》），两个国家打仗不叫“征”，诸侯犯了错，天子派兵来惩罚才叫“征”。天子来“征”，不是为了争夺诸侯的土地和人民——“普天之下，莫非王土；率土之滨，莫非王臣”。天子来“征”，是要改正诸侯的错误。所以“征”在争取的同时，还有“正”的蕴意在。[1]

如果上下相争利的时候，每个人都认为自己的做法是天经地义的，这对社会的危害就太大了。

> 程子曰：“君子未尝不欲利，但专以利为心则有害。惟仁义则不求利而未尝不利也。当是之时，天下之人惟利是求，而不复知有仁义。故孟子言仁义而不言利，所以拔本塞源而救其弊，此圣贤之心也。”（朱熹《孟子集注·梁惠王上》引）

孟子反对一味谋取私利，并不是说什么利都不讲。正如程子所说，君子不言利并不是完全不讲利，只不过不唯利是图而已。孟子之所以说得那么坚决，是因为当

[1]对“征”字的详细解释，请参阅拙文《“征”字的考释与〈孟子〉首章的解读》，《孟子研究》第2辑，济南：齐鲁书社，2019年。

时的人唯利是图，不知世上有“仁义”二字，所以拔本塞源而救其弊，这正是孟子的圣贤之心呀。

义利之辨的本质是辨明义与利的关系，分清不同情况下对义与利的取舍态度。

孟子认为，在一般情况下要见利思义，先义而后利；在义利严重对立、不可调和的时候，甚至要舍生取义：

> 鱼，我所欲也，熊掌亦我所欲也；二者不可得兼，舍鱼而取熊掌者也。生亦我所欲也，义亦我所欲也；二者不可得兼，舍生而取义者也。（《孟子·告子上》）

陈来先生指出，孟子的思想是很明显的，那就是一个人乃至一个国家，必须反对唯利是图，在义和利之间发生冲突的时候，必须要坚持以义为先，以义为上。以义为上是孔子曾经讲过的，当然，孔子没有明确地把义和利在价值观上做一个对立，从而彰显出义和利的紧张，以及它对文明社会、对国家的意义。应该说孟子发展了这一点。关于义利之辨还有一些方面需要我们关注到，那就是义与利有没有可能存在一个理想的状态——义与利二者可以得兼？这个问题孟子没有明确提到，但也没有排除义与利二者得兼的可能。在我们的人生里边，在社会交往里边，在国家治理上，如果二者能够得兼，就不必片面把那两者对立起来，或者说作为一个人、一个家庭、一个集体、一个国家应该积极创造条件，使得义与利可以得兼。[1]

义德还有一种作用，那就是对仁的约束。仁是人与人之间最温暖的需要，为什么对它还要进行约束呢？

> 或曰："以德报怨何如？"
>
> 子曰："何以报德？以直报怨，以德报德。"（《论语·宪问》）

有人问孔子，以德报怨怎么样呢？孔子就告诉他说，如果以德报怨的话，你如何报德呢？一个人对你不好，你对他好；另外一个人对你好，你怎么办呢？你只能也对他好。这样就带来了一个结果：无论别人对你好还是

[1] 王志民、陈来主编：《孟子思想与干部政德修养》，济南：山东人民出版社，2018 年，第 2~6 页。

不好，你都对他好。这不是善恶不分了吗？善恶不分，就是没有原则！没有原则的人是滥好人，滥好人就是“乡愿”！孔子说：“乡愿，德之贼也。”（《论语·阳货》）没有原则的滥好人，对道德是有伤害的。应该怎么办呢？孔子说，要“以直报怨，以德报德”。“直”，就是“义”；义者，宜也。“以直报怨”就是以适宜的、合情合理合法的方式来回击伤害你的人。

现在社会上存在很多问题，比如：

孩子小，母亲的奶水不够，以奶粉代替，奶粉里却有三聚氰胺。

天冷了，给父母买床棉被，打开一看，全是黑心棉。

…………

面对这些社会问题，大家是怎么办的呢？大部分在抱怨。你抱怨我，我抱怨他，最后一起抱怨政府。政府有没有责任？社会没管理好，政府当然有责任。但仅仅是政府的责任吗？好像也不全是。如果我们每一个人都能像孔子讲的那样“以直报怨”，拿起法律的武器来维护我们的利益，那么我们这个社会的问题肯定要少得多！“集义而生正气”，义德真的有力量。

当然，我对“以直报怨”的解释，更多地是考虑到对社会正义的维护、对超出原则的“怨”的回击，大家不要因此而忽略此章所蕴含的曲折微妙之处。朱熹《论语集注》：

> 或人之言，可谓厚矣。然以圣人之言观之，则见其出于有意之私，而怨德之报皆不得其平也。必如夫子之言，然后二者之报各得其所。然怨有不仇，而德无不报，则又未尝不厚也。此章之言，明白简约，而其指意曲折反复。如造化之简易易知，而微妙无穷，学者所宜详玩也。

第三味药：礼

“礼”字，我们在前面解过，这里再简要说明一下。

“礼”是会意字。甲骨文作，是祭器，两个是祭品。《说文解字》：“礼，履也。所以事神致福也。”祭祀时有一套严格的规范。这套规范就是礼，也就是我们今天说的礼仪。礼仪的规定与人的身份相匹配。

在古代社会，礼是规范人与人伦的准则。它要求人们特别是贵族，在衣、食、住、行等方面都要符合自己的身份；要父子有亲，夫妇有别，长幼有序，君臣有义，朋友有信，等等。

西周的礼乐文明是儒家思想的母体。礼在儒家那里有“礼之本”和“礼之文”的分别。“礼之本”体现为天地之道；“礼之文”表现为外在的仪式、礼节。强调仁是礼之本、是礼的真精神，是孔子对中华民族乃至世界的伟大贡献。

牟钟鉴先生指出：

> 在孔子的思想里，仁是内在的文明的情感和观念，礼是外在的文明的制度和行为规范，两者即体即用，不可分割。……具体地说，“礼”有三个层面：一是制度层面，称为“礼法”；二是道德层面，称为“礼义”；三是仪规层面，称为“礼仪”或“礼俗”。[1]

---

[1] 牟钟鉴：《新仁学构想——爱的追寻》，北京：人民出版社，2013年，第85页。

孟府里有一块门匾，叫“礼门义路”，语出《孟子·万章下》：

夫义，路也；礼，门也。惟君子能由是路，出入是门也。

孟子说，义好比是大路，礼好比是大门。君子要走礼之门，行义之路。

人们把孟子的这段话提炼成四个字——“礼门义路”，并铸匾挂在孟府第二进门上。

“礼门义路”四个字里面蕴含了两个词，一个是古人常讲的“礼义”，一个是今天我们常讲的“门路”。今天有些人要做一件事情，无论事情的大与小，第一个念头便是赶快找“门路”。结果找了半天发现，所有的“门路”都在别人手里。那怎么办呢？行贿呀，不但自己犯错误，也拉着别人犯错误。古人也讲“门路”，但是古人的“门路”在自己手里，这就是“礼义”。

著名作家夏衍先生生病住院，病情突然发作，他感到十分难受。这时，秘书说：“我去叫大夫。”秘书正要开门出去的时候，夏衍先生艰难地睁开眼睛，说了他人生最后一句话：“不是叫，是请。”

一个“请”字，道尽了文质彬彬的君子之礼。

干春松先生认为，儒家相信“礼”是经过历史演化和价值意义的演变积聚而形成的，同时也会经历社会效能的博弈，这个博弈过程确定了这样的礼仪规范而非别样成为社会之共信和共遵的行为准则。所以，礼的制度和规范的正当性为该群体的民众所共信，并在实践上自发遵守“礼”，而无须通过刑罚或者言辞的命令来强制。[1]

曾经有一段时间，人们对孔孟倡导的礼教有错误的批判，说礼教是吃人的。礼教真是吃人的吗？这需要理性分析：

> 从历史经验看，实行有仁之礼，礼便表现出一种温馨、文明；实行无仁之礼，礼便表现出一种冷酷、野蛮。若即人情以论天理，则天理成为行仁之据；

[1] 参见干春松：《儒学小史》，上海：上海人民出版社，2018年，第50页。

若远人情以论天理，则天理变为杀人之具。[1]

我们今天应该提倡“有仁之礼”。如果每一个人都能行“有仁之礼”，而且像夏衍先生这样自觉的话，“礼”还是吃人的吗？不！它可以和合我们人与人之间的关系。

但是，我们在现实生活中往往会听到自以为聪明的无礼的话。

有的女孩子谈恋爱，很喜欢向对方提这样的问题：“我和你妈同时掉进河里，你先救谁？”这是不好回答也不需要回答的问题，因为提问的人在提问之前就有了自认为正确的答案：救她。她这是给男方挖了个坑，实际上也给自己挖了个坑：等到自己结婚有了儿子，儿子也面临同样问题的时候，他该如何回答呢？

坏国、丧家、亡人，必先去其礼。（《礼记·礼运》）

[1] 牟钟鉴：《新仁学构想——爱的追寻》，北京：人民出版社，2013年，第85页。

由小观大，很值得深思。

在我们的古文字里面，我们刚才讲过的“门路”的“路”字，最能够反映我们“有仁之礼”的真精神。

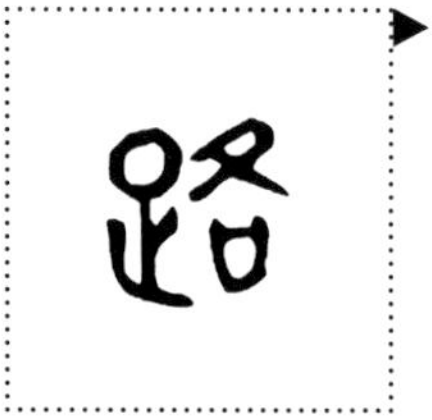

“路”是会意字，从足从各。“各”的甲骨文写作，上面是人的一只脚，下面是人经过行走之后达到的目标。“路”的金文写作，由两个方向相反的组成，成了双行线的道路。这个字形或许大有深意。

我们每一个人都有自己的行动目标，都为了这个目标奔波于同一条大道之上。只是你有你的追求，我有我的追求，目标方向不一定一致甚至相反。这个时候我们都应该遵守交通规则，“礼”让他人。如果你不讲礼，我也不讲礼，大家都不讲礼，我们就会在路上堵车。堵不堵车不仅仅是道路宽窄的问题，也不仅仅是车辆多少的问题，还有行路人是不是懂礼的问题。

在人生的路上我们要学会礼，学会礼让，学会在一种和谐的状态下生活，这点极其重要。

“位”是会意字。甲骨文“位”与“立”是同一个字形，作。本义是一个人立于地上。战国后追加“人”旁，此后“位”“立”分别使用。

《说文解字》以小篆字形解释其形义云：“列中庭之左右谓之位。从人、立。”“列中庭之左右谓之位”，就是说“位”是官吏在朝堂上站立的位置，这当然是比一般意义的“位置”更远一层的引申义。

“位”与“礼”联系密切。

公行子有子之丧，右师往吊。入门，有进而与右师言者，有就右师之位而与右师言者。孟子不与右师言，右师不悦曰："诸君子皆与驩言，孟子独不与驩言，是简驩也。"

孟子闻之，曰："礼，朝廷不历位而相与言，不逾阶而相揖也。我欲行礼，子敖以我为简，不亦异乎？"（《孟子·离娄下》）

《孟子·离娄下》记录了孟子与齐国权臣王驩的一次有关"礼"的交锋：

齐国大夫公行子为儿子办理丧事，右师王驩前去吊丧。他一进门，许多人便迎上前去与他攀谈，还有人走到他的座位边与他套近乎。孟子却不理王驩。王驩不高兴地说："大家都来与我讲话，只有孟子不与我讲话，他是瞧不起我啊。"

孟子听说后，说："按照礼制，在朝廷之上不能越过座位相互交谈，不能越过台阶相互作揖。我想遵循礼制，王驩却认为我不尊重他，这不是很奇怪吗？"

右师王驩权倾一时，炙手可热，大夫们纷纷对其溜须拍马，连朝廷的礼仪也不顾了。孟子则漠然视之，不为所动，并对王驩的指责做了有力有“礼”的反驳。

这个故事让我们窥视到战国时期，即使是严肃的重要的场合，人们也不去关注礼了，那确实是礼崩乐坏的时代！面对这样的现实，简单地提倡恢复传统之礼是不够的，简单地提倡礼仪的规定也是不够的。正因如此，孟子对礼的关注，更多地是其在实践中应该表现的“合理性”，即由“礼仪”向“礼义”的转变，并希望以此在新的基础上重建“礼”。

> 人之有道也，饱食暖衣，逸居而无教，则近于禽兽。圣人有忧之，使契为司徒，教以人伦：父子有亲，君臣有义，夫妇有别，长幼有序，朋友有信。（《孟子·滕文公上》）

一个人是为“人”还是为“禽兽”，在孟子那里不是轻浮的谩骂，而是十分严肃的价值判断。实现“人”的价值，要从最基本的人伦入手。理解孟子“五伦说”所揭示的伦理道德，以展现儒家礼德的当代价值，需要做“礼讲区分”和“礼讲和合”两个层面的辨析。

礼讲区分，每个人都必须根据时空环境的不同，按照当下的角色所对应的“礼”行事。一个家庭，如果老人不像老人，小孩不像小孩，家庭关系必然不能和睦。一个单位，如果领导不像领导，员工不像员工，这个单位恐怕也无法欣欣向荣。所以我们每一个人都要明确自己当下的角色，然后按照这个角色的要求去做人做事。

礼讲和合，这也是“礼”的本质作用。如果每一个人都像孔子对待师冕、夏衍对待医生那样讲“礼”，人与人必然能和谐相处，这个世界也会多一些温暖的爱。在和合中升华自我，超越利己主义、地方主义、种族主义、人类中心主义，与万物一体，实现天人合一的境界。

第四味药：智

“智”是会意字。甲骨文写作，上部右侧是“大”，代表一个成年人；上部左侧是“子”，代表一个小孩；下面是祭器形。字形会意大人面对着祭器教孩子学习日常礼仪规范，引申为智慧等。

甲骨文“智”还有另外一个字形。从这个字形我

们可以更清楚地了解“智”的本义。比多了一个（册）。记载国家的典章制度、日常礼仪规范的重要册籍谓之典册。大人教小孩子，显然不能一上来就教国家的典章制度，只能教简单的日常礼仪规范。

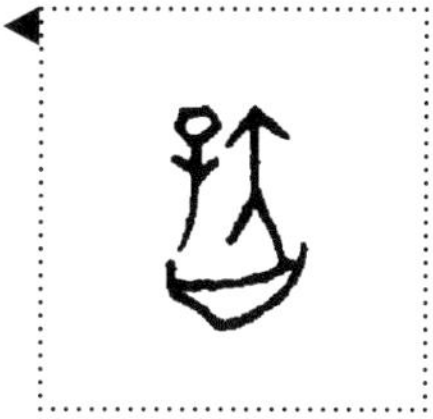

一般来讲，“智慧”的“智”含有知性认知和道德认知两个方面。经典儒家非常强调“智”的道德认知方面。

子夏曰：“贤贤易色：事父母能竭其力，事君能致其身，与朋友交言而有信。虽曰未学，吾必谓之学矣。”（《论语·学而》）

子夏说：“仰慕贤者而改变脸色（即见贤思齐）：侍奉

父母能尽力，事君上能奉身尽职，交朋友能有信。这样的人，纵使他说未经学问，我必说他已经有学问了。”

从这一章，很容易看出儒家对“智”的态度。

对“贤贤易色”章，我的解释与传统的解释不一样，主要是因为对“贤贤易色”的理解与前人不一样。

“贤贤易色”，一般以为是尊重贤德，不重美色。甚至有人认为“贤贤易色”专指夫妇一伦——丈夫应敬重妻子之贤德而忽略其外貌容色。

我把“贤贤易色”解释为仰慕贤者而改变脸色，也就是常说的见贤思齐，有字源和义理两个方面的考虑。

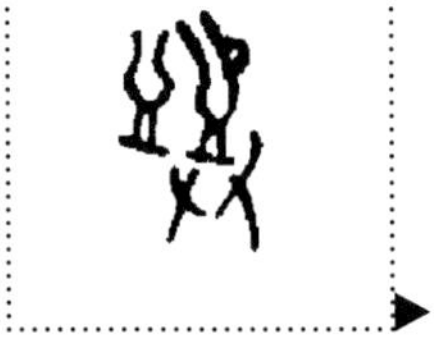

“易”是会意字。甲骨文写

作，象双手持器（有鋬）向另一器（无鋬）倾注液体之形。字形在后期逐渐简化：——。本义当为倾注，引申为赐予、改变等。文献中常见的“难易”之“易”，应该看成假借字。

“危”是会意字。“产”与“危”（）是一个字，初形为“产”。是一个人，是高耸的山崖，象一个人在悬崖之上。本义当为高。

大诗人李白《夜宿山寺》有名句：“危楼高百尺，手可摘星辰。”危楼可不是我们今天说的快要倒塌的楼，而是形容寺楼的峻峭挺拔、高耸入云。这里的“危”，用的就是本义。

一个人处在悬崖之上，当然很危险，“危”乃引申为危险。因为危险，又引申为恐惧。人一恐惧腿就发软，这也是后来在产的下面加的原因。表示人因恐惧而腿软下跪的形象。

“色”（）与“危”应该是同源字，只是“色”字省略了表示悬崖的厂，留下了表示人的和表示人因恐惧而腿软下跪的。人心里恐惧不仅会腿软，还会改变面部的颜色。“色”的本义当为面部颜色，引申为妇女的美貌、人的情欲等。

“贤贤易色”的“易”用的是更易、改变的意思，“色”用的是面部颜色的意思。知道了“易”“色”的字源字义，我们回来解释“贤贤易色”。

第一个“贤”是动词，见贤思齐的意思。第二个“贤”是名词，贤者的意思。谁是贤者？“事父母能竭其力，事君能致其身，与朋友交言而有信”的人就是“贤者”。这是对“贤者”的概括性列举。“事父母能竭其力”讲的是孝，是家庭里的事；“事君能致其身”讲的是忠，是职业中的事；“与朋友交言而有信”讲的是信，是社会上的事。这个概括性的列举其实是很全面的，因为家庭、职业、社会基本涵盖了人一生所有的生活空间；同时，这个概括性的列举从行文看也是很简洁的，如果非要把“贤贤易色”理解为夫妇一伦的事，未免画蛇添足。

“贤贤易色”就是见到那些孝、忠、信的贤者，我们的面部颜色会变得庄重起来，起见贤思齐之心。

对“智”的道德认知方面的强调，在《论语》《孟子》《大学》《中庸》里比比皆是：

> 是非之心，智也。（《孟子·告子上》）
>
> 弟子入则孝，出则悌，谨而信，泛爱众而亲仁，行有余力，则以学文。（《论语·学而》）

孟子说：“是非之心，就是智。”

孔子说：“小孩子啊，在家里要孝顺父母，外出要尊敬长辈，谨慎而且守信用，博爱民众，亲近有仁德的人。做到这些以后，还有多余精力，就用来学习文献知识。”

当然，这并不是说儒家不重视“智”的知识认知方面。

> 仁之实，事亲是也；义之实，从兄是也；智之实，知斯二者弗去是也；礼之实，节文斯二者是也；乐之实，乐斯二者，乐则生矣。生则恶可已也，恶可已，则不知足之蹈之、手之舞之。（《孟子·离娄上》）

孟子说：“仁的实质，是侍奉父母；义的实质，是顺从兄长；智的实质，是明白仁义二者的道理而坚守下去；礼的实质，就是调节、修饰仁义二者；乐的实质，就是对仁义二者感到快乐，快乐由此而生。快乐产生了就不可遏止。快乐不可遏止，人就会不由自主地手舞足蹈起来。”

> 人一能之，己百之；人十能之，己千之。果能此道矣，虽愚必明，虽柔必强。（《中庸》第

二十章）

他人一次就做好了，我就做一百次；别人十次就做好了，我就做一千次。假如能这样做，再愚笨的人也会变得聪明，再柔弱的人也会变得坚强。

“智”的实质，是明白仁与义的道理而坚守下去，他人一次就能做好的事情，我可以花上一百倍的工夫去做，这显然是在说知识认知层面的问题。

经典儒家对“智”的知性认知和道德认知两个方面的能力都是强调的，当然，侧重点在道德认知方面。

有人或许把这看作经典儒家的缺点，但我以为这正是对当下公民教育、政德教育最有借鉴意义的一个方面。我们今天提到“智”的时候，往往仅强调知性认知的能力，而忽视了道德认知的能力，经典儒家对道德认知的侧重，对此正是一剂适症的良药。

今人常讲的“知识”一词，与古人讲的“智”大体相当，但是我们今天把“知识”异化了，只有“知”而没有“识”了。什么是“知”呢？“知”是知晓，原来不知道，现在知道了，这叫“知”。什么是“识”呢？“识”是见识，是辨别是非的能力。“知”在于探究物理，“识”在于修养道德。

“识”是会意字。甲骨文写作，是战车上竖立的标志性戈戟，是戈上悬挂的饰物。识(zhì)的本义是旗帜(后作“帜”)、标记(后作“誌”，简化为“志”)，引申为记住、记述等。

“识”是见识，是引领人生的旗帜。

现在的家长一天到晚最关注的是孩子对“知”的学习。孩子考试拿100分，一家人欢天喜地；80分，爷爷奶奶可能感觉还可以，爸爸妈妈大概心里就有点打鼓了；60分，一顿训斥是免不了了。

著名的儿童作家郑渊洁说：“100分，把童年变成了100岁。”今天的小孩子在学习当中找不到丝毫的快乐了。

2012年3月，湖南长沙有

一所学校的学习非常紧张，白天八小时，晚上五小时，上课—复习—考试，周而复始，每周只有星期天下午的三个小时孩子们可以休息。结果有一天晚上正在上自习的时候，突然间学校停电了。十分钟以后来电了，学校却变了样：学生把家长、老师认为最宝贵的东西——书、试卷、练习册——全部撕烂扔到楼下去了。

2012 年 3 月 29 日央视《新闻 1+1》为此专门制作了一期节目，叫《少给孩子“进补”！》

一转眼六年过去了，情况怎么样呢？2018 年年初李克强总理向全国人民代表大会作政府工作报告，新闻媒体把总理所作的报告压缩到 800 字，关于教育只剩两句话，其中一句就是“减轻学生的课外负担”。六年过去了，现在如何了呢？

2019 年全国两会接近尾声时，教育部部长陈宝生在“部长通道”接受采访，承诺综合治理“线下减负，线上增负”的文件不久就会发布，文件出台之后，将线上线下综合治理，一定要把负担过重的问题解决好。

近年来，真正关注孩子道德修养的人不多了，许多人都把讲道德修养看作很迂腐甚至很虚伪的事情。这种忽略道德认知的教育氛围，给我们带来了许多的社会问题。

2013年4月，上海某大学医学院一硕士研究生投毒加害自己同宿舍的一名同学，致使这名同学最后抢救无效死亡。具体的杀人动机是什么呢？判决书上说是因为“琐事”，但具体是什么，不清楚。

一个读到硕士研究生的孩子，在一般人眼里应该是一个非常好、非常出色的孩子了，这样的孩子居然因为“琐事”就可以用自己学到的知识加害自己的室友！为什么说用他学到的知识加害他的室友呢？因为毒药是从实验室偷来的，投到饮水器里面，投多少剂量是计算好的，这些都用到了他所学的专业知识。

2019年3月22日央视网新闻报道：

在江苏盐城的石桥处，建有“卧冰求鲤”的古代孝子王祥祠。近日，就在这样一个纪念孝子之地，却发生了一起少年弑母案。

3月16日晚，13岁的男孩邵某因不服其母杨某管教，双方发生激烈冲突，致杨某身亡。就在3个月前，湖南沅江发生12岁男孩弑母案，同月，湖南衡阳又发生13岁男孩锤杀父母案。

对至亲痛下杀手这样的事情在以前是极少见的，现在却短短几个月内就爆发三起！这难道仅仅是巧合吗？

我们再回过头来看圣人是怎么讲的：

> 一朝之忿，忘其身以及其亲，非惑与？（《论语·颜渊》）

孔子说，因为一时的愤怒，就忘记了自己的身体，就忘记了自己的父母，然后违法犯罪，那不是愚蠢吗？

问题是，我们为什么培养了为数不少的愚蠢的孩子呢？

> 仁，人心也；义，人路也。舍其路而弗由，放其心而不知求，哀哉！人有鸡犬放，则知求之；有放心而不知求。学问之道无他，求其放心而已矣。（《孟子·告子上》）

孟子说：家里的鸡或狗丢失了，你都知道把它找回来；但是你的良心丢失了，你却不知道把它找回来。什么是学问？学问就是把丧失的良心寻找回来！

杀人的案件当然是极端的例子，但是又有多少孩子即使大学毕业，也不知道对父母有起码的孝心，也不会与他人友好相处呢？

有问题的孩子是一面镜子——他们身上的任何毛病，都可以在父母、家庭、学校、社会那里找到影子。

“上海全知道”微信平台曾经发布过一条消息：一位七八十岁的老人家在高铁上嗑瓜子，瓜子壳扔得到处都是，服务人员过来劝阻，这位老人家反而把手里的瓜子撒向整节车厢，还用脚踢到更加不容易打扫的地方。

河南电视台《法治现场》报道，2015 年 8 月 30 日下午，开封暴雨，造成路面积水。一名老人骑电瓶车涉水时突然倒地，在水中不停挣扎。多名路人上前围观又退回。三分钟后，老人被另一群路人拉起，却已死去。

从小老师就教育我们，中华民族有五千年文明。现在有许多专家论证，中华民族可能有七千年乃至八千年的文明史。我们不禁扪心自问：中华民族几千年的文明，传承到我们手里，难道连个老人都扶不起来了吗？

为什么会出现上述的反面例子？我想就是因为忘记了我们的传统文化，忘记了我们传统文化当中还有“仁义礼智”这些人之为人的道德！

> 七年之病，求三年之艾也。苟为不畜，终身不得。（《孟子·离娄上》）

七年的老病，应该用三年的陈艾来治。但是等到有了病之后，突然间发现不仅你没有这种艾，周围的人都没有这种艾。“苟为不畜，终身不得”，因为大家都没有这种艾，所以你的七年老病永远也治不好！

优秀传统文化的传承刻不容缓，已经容不得我们再犹犹豫豫了。习总书记号召我们学习传统文化，从传统文化当中汲取营养，来涵养我们的社会主义核心价值观，这是他洞察当下社会存在的问题，给我们指出的一个解决问题的路向。

“药”是会意兼形声字。金文写作，从艸（草），

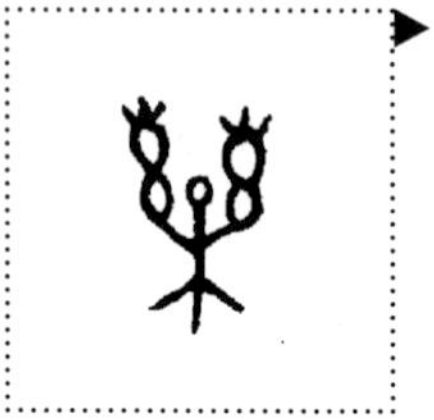

乐声。本义是指能够治疗疾病的植物。

神农尝百草，救治人的身体；孟子配药方，救治人的灵魂。

孟子在开导滕文公行仁政的时候说：

> 今滕，绝长补短，将五十里也，犹可以为善国。《书》曰：“若药不瞑眩，厥疾不瘳。”（《孟子·滕文公上》）

滕国虽然不大，取长补短折算下来，也将近方圆五十里，只要努力行仁政，还是能够治理成一个好国家的。你我虽然都是普通人，只要努力行善，也是可以成圣成贤的。《尚书》说：“如果药力不使人头晕目眩，病就不能够痊愈。”良药是苦口的，虽然苦口，却能药到病除；“孟子的药方”也只有亲口品味、切身体验，才能唤醒本心、救治灵魂。

附录：“信”字解

孟子的“仁义礼智”四德，到汉代得以丰富发展，董仲舒在“仁义礼智”的基础上加了一个“信”，组成“仁义礼智信”。这不仅是他“五行论”的需要，更是理论适应、指导社会发展的需要。“仁义礼智信”被后世称为“五常”，成为人人必须遵守的常道。

信，《说文解字》：“诚也。从人从言。”一般解释说“人言为信”。人说的话一定是诚信的吗？大话、空话、假话也都是“人

言”，显然“人言”不一定为“信”。

信，从人（），从言（）。（言）上从（辛），是刻刀；下面的是祭器，是木板。“信”的字源与祭祀有关。古人在祭祀的时候，要用刻刀在木板上刻写祷告的话，然后将木板放到祭器内烧掉，这样才能把祈求传递给神灵。祷告的话是人向神灵立下的誓言，是向神灵做出的承诺，必须言行一致才能得到神灵的庇佑，这样“信”才有了诚信的意思。

品味孟子的药方之不忍人之政

儒家的学问、孟子的思想，不是简单的书本上的东西，不是抽象的逻辑思辨，而是深深植根于人的生命之中，是对我们生命的亲切指点，孟子的思想只有落脚到我们人的生命之中才有意义。

上一讲我们通过对“仁、义、礼、智”四味药的品味，讲述了孟子给我们开的“内服的药方”——不忍人之心。接下来我们将通过对“保民、安民、富民、教民”四味药的品味，讲述孟子给我们开的“外敷的药方”——不忍人之政。

一如惯例，我们先解字。

“己”是象形字，至于是什么东西的象形，众说纷纭。我比较认可台湾学者许进雄先生的释读：“刻识的

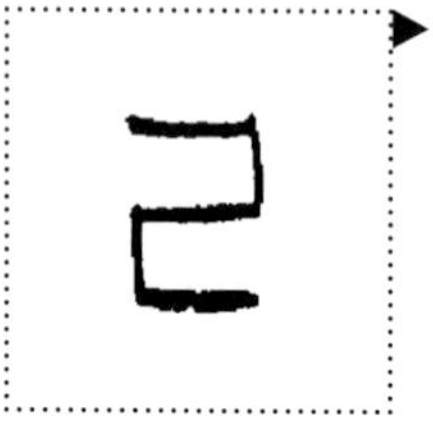

记号形，古代契约习惯，木上作记号而分两半，各执一半以为凭据。”[1]凭那做了记号的一半木片，可以向别人证明我是我。“己”的本义就是自己。

> 子曰：“古之学者为己，今之学者为人。”（《论语·宪问》）

孔夫子的这句话很重要，但一直被误读。通常的解释是：孔夫子说，古代的学者是为了修己而学习，今天的学者是为了显摆而学习。

这个解释很成问题，它忽略了重要的背景事实：

其一，孔子是历来公认的最早办私学的人，也就是说，在孔子之前“学在官府”，有资格学

[1]许进雄编撰：《简明中国文字学》（修订版），北京：中华书局，2009年，第264页。

习的人只有贵族子弟。如此，孔夫子这里说的“古人”只能是古代的贵族子弟。

其二，古代的贵族子弟为什么学习呢？李泽厚先生说：“学而优则仕是远古制度，‘学’本来就是为了‘仕’（做官）。”

其实无论是“古之学者”，还是“今之学者”，他们的学习都是为了治人。只是他们的取向不同：古代的学者，为了治人先修养自己，学的是道；今天的学者，为了治人而治人，学的是术。

“古之学者为己，今之学者为人”透露出孔子“君子之学”的要义。对此，“乃所愿，则学孔子”的孟子有深刻的思考：

> 人皆有不忍人之心。先王有不忍人之心，斯有不忍人之政矣。以不忍人之心，行不忍人之政，治天下可运之掌上。（《孟子·公孙丑上》）

陈来先生指出：

> “仁”之德性如何用于实践呢？在《论语》中，

> 我们看到孔子与孔门弟子主要是把践仁规定为士君子个人的德性修养方面，以达成完满的君子人格为目的，而没有把仁超出直接的个人与亲属关系。孔子主张求仁、行义、尽礼，仁当然也包含着正确处理人与人的关系，以及如何对待别人、如何看待自己的问题，但总的来说，孔子没有把仁置于政治生活领域。正是在这一点上，孟子对孔子、对仁学，做了积极的政治思想的发展。亚里士多德说过，伦理学研究个人的善，政治学研究人群的善；照此，似乎孔子更多地论述个人的善，孟子则更注重政治生活的善。[1]

孟子注重政治生活的善，且热切地寄希望于有不忍人之心的君王的出现。当然，从仁心到仁政的推及过程是复杂的。修养仁心是内圣，发仁施政是外王，内圣与外王两者确实密切联系，从某种意义上来说，内圣是外王的基点，外王是内圣的圆满。但两者的关系又不是简

[1] 陈来：《孔子·孟子·荀子：先秦儒学讲稿》，北京：生活·读书·新知三联书店，2017 年，第 116~117 页。

单的直线式，更不是简单的同一关系或同构关系。内圣是心灵哲学，需要解决人的心灵境界及理想、信念等问题，因而需要主观情感、意向的体验与超越等；外王是社会政治哲学，需要解决社会、政治的建构问题，因而需要客观理性精神。对此，孟子有清晰的认识：

> 尧舜之道，不以仁政，不能平治天下。今有仁心仁闻而民不被其泽，不可法于后世者，不行先王之道也。故曰，徒善不足以为政，徒法不能以自行。（《孟子·离娄上》）

孟子说："尧、舜之道，不靠仁政则不能平治天下。假如君主有仁爱之心和仁爱的名声，老百姓却没有得到恩泽，那也不足以成为后世所效法的典范，因为没有实行先王的法度。所以说，只有善心不足以治理好国家，只有良法也不能让它自己运行。"

梁涛教授指出：

> 从字面上看，"先王之道"应比"先王之法"含义宽泛，它既可以指内在的"善"，也可以指外

在的“法”，但在本章中，孟子似乎更多是在“先王之法”的意义上使用“先王之道”的。同样的情况，本章中孟子所说的“尧舜之道”，又主要是指内在的“善”（孟子也有用“尧舜之道”指外在制度的情况，参见12·10章），而“尧舜之道，不以仁政”的“仁政”，则是指外在的制度安排。[1]

接下来，我们就解一解“仁政”的“政”。

“政”是会意兼形声字，从攴从正，正亦声。金文写作。就是“正”，上面的表示人行动的目标，下面的是人的一只脚，合起来就是“正”，会意人面对行动目标，辨别、调整

[1] 梁涛编著：《孟子解读》，北京：中国人民大学出版社，2010年，第179页。

自己行动的方向。是“攴”，一个人手里拿着代表国家权力的权杖。与合起来就是“政”。“政”就是运用国家的法律法规去规范每一个人的行为。

从“政”的造字原理我们就可以体悟到，“政”具有强制力。“政”具有强制力，那它的力量源泉在哪里呢？孟子说在老百姓心里：

> 桀纣之失天下也，失其民也；失其民者，失其心也。得天下有道：得其民，斯得天下矣。得其民有道：得其心，斯得民矣。得其心有道：所欲与之聚之，所恶勿施尔也。（《孟子·离娄上》）

“所欲”的“欲”字，古人

造得很生动。

《说文解字》：“欲，贪欲也。从欠，谷声。”

谷（），下面的为盛饭的器皿，上面的是饭的香气。“欠”（）象人张口欲食。“欲”的本义是贪食，引申为欲求、需要、喜爱等。

孟子说，夏桀、商纣之所以失去天下，是因为失去了人民；之所以失去人民，是由于失去了民心。得到天下有办法：得其民，获得了人民，便可以获得天下。获得人民也有办法：得民心，赢得了民心，便可以获得人民。赢得民心也有办法：一是人民喜爱的就给他们，不仅给，还要多给；二是人民不喜爱的，不强加给他们。有这两条就可以得民心了。

孟子认为政权的得失兴衰，取决于是否得民心；执政者的地位、去留，取决于是否得民心。获得民心的方法，只有尊重、满足“民”的生活欲求。从孟子“得天下—得其民—得民心”的逻辑思路，我们感受到这样的信念：民心的向背决定着政权的力量，更决定着政权的存亡。

前面我们说过，孟子给“外敷的药方”也配了四味药：保民、安民、富民、教民。接下来我们就一味一味地品味。

第一味药：保民

“民”这个字，我们前面在讲“苦难的民”时解过。

“民”的甲骨文字形象以尖锐之物刺目。远古之时，战争胜利者强迫被俘的老百姓从事生产劳动，为防止其逃跑，乃刺瞎其左眼。故“民”的本义为奴隶，后引申为庶人、百姓。

“民”在造字之初就透露出深深的苦难。“兴，百姓苦；亡，百姓苦”，可以说，元代张养浩的《山坡羊·潼关怀古》总结了几千年来封建帝制统治下，老百姓的生活常态。今天不一样了，中国共产党人已经打破了张养浩所说的历史常态，在中国共产党领导下的新中国，老百姓已经成了国家的主人！给中国共产党提供执政理念的人是谁？有许多人，我想其中一定少不了亚圣孟子。

提到“民”，还有一个知识点大家应该了解。李存山先生指出：

> 一般来说，中国古代在讲到“人”和“民”的时候，这两个概念既有联系又有区别。“人”是相对于神和物而言的，“人”就是指人类。“民”是相对于

> 国家政权和执政者而言的，“民” 就不是当官的，而是指老百姓。但是“人”和“民”又是相通的，“民”是“人”的一部分，或主要的一部分，“人”包括“民”在内，“爱人”当然也包括了“爱民”。[1]

以人为本是中国文化的基本精神，也是儒家的鲜明主张。《论语·先进》记载：“季路问事鬼神，子曰：‘未能事人，焉能事鬼？’曰：‘敢问死！’曰：‘未知生，焉知死？’”孔子的眼睛始终关注人间——“仁者爱人”。

保民、安民、富民、教民四味药，当然是对孟子仁政思想的简单总结。孟子的仁政思想博大精深，我只是侧重于某一个方面来讲述。我的侧重点就是紧紧围绕“民”，看看孟子的仁政学说是怎样对待老百姓的，并由此为大家理解孟子的仁政学说提供一个视角。

> 孟子谓齐宣王曰：“王之臣有托其妻子于其友

---

[1] 王志民、陈来主编：《孟子思想与干部政德修养》，济南：山东人民出版社，2018年，第255页。

而之楚游者，比其反也，则冻馁其妻子，则如之何？”

王曰：“弃之。”

曰：“士师不能治士，则如之何？”

王曰：“已之。”

曰：“四境之内不治，则如之何？”

王顾左右而言他。（《孟子·梁惠王下》）

孟子问齐宣王：“如果大王有一个臣子把自己的妻子儿女托付给朋友，自己到楚国游学，等到他回来的时候，发现自己的妻子儿女受冻挨饿，这样的朋友，该怎么办呢？”

齐宣王说：“与他绝交！”

孟子又问：“如果您有一个大臣，不能管好他的下属，做不好工作，该怎么办呢？”

齐宣王说：“那就撤他的职！”

孟子接着问：“如果一个国君治理不好国家，该怎么办呢？”

齐宣王尴尬地左右张望，扯别的事情去了。

孟子把执政为民比作受委托，就像受委托照顾朋友的妻子儿女一样。委托是一种义务、责任的转让和接受，一个君主在位执政，就表示他已经接受了老百姓的委托，他就必须担负起应有的责任和义务。一个君主在位执政的责任和义务是什么呢？孟子说是保民，“保民而王，莫之能御也”。

什么是保民？我们来看看这个“保”字。

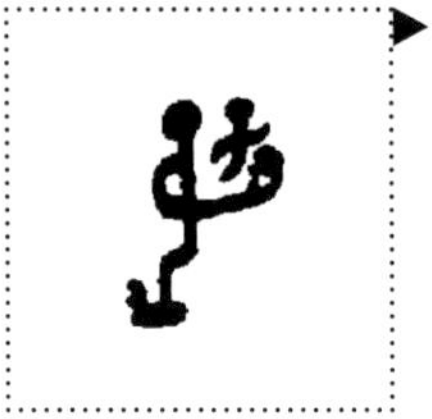

《说文解字》：“保，养也。”字形逼真传神，象一位母亲非常辛苦地背着孩子，呵护他成长。

讲到保民，让我立刻想起《大学》的一句话：“民之所好好之，民之所恶恶之，此之谓民之父母。”这或许就是“父母官”说法的由来吧。显然，古人把官员叫作“父母官”，不是说官员可以骑在老百姓头上作威作福，而是要求官员应该像父母关爱自己的孩子那样关爱老百姓。

现在把官员叫作公务员、人民公仆，称呼变了，要求更高，使命更光荣。

“保民”就是“以民为本”，“以民为本”与“仁者爱人”的思想是相通的，是对“以人为本”的继承与发展。孟子“民贵君轻”主张更是这一继承与发展过程中的里程碑。

> 民为贵，社稷次之，君为轻。（《孟子·尽心下》）

孟子主张，相对于所谓天之骄子的君主，代表国家的土谷之神是最有价值的；相对于代表国家的土谷之神和所谓天之骄子的君主，“民”是最有价值的。

在封建体制、君主专制的社会政治生活中，君民之间是君贵民轻的，孟子的“民贵君轻”之说将这一价值秩序乾坤颠倒，真可谓石破天惊。对此，徐复观先生在《孟子政治思想的基本结构及人治与法治问题》一文中评价道：

> 孟子在政治上谈“仁义”，谈“王道”的具体内容，只是要把政治从以统治者为出发点，以

统治者为归结点的方向，彻底扭转过来，使其成为一切为人民而政治。这点在经过二千多年的我们现在，还不曾完全达到，甚至连观念上也不曾达到的扭转工作，在历史上是一件惊天动地的大事。[1]

“民贵君轻”的政治理念让“民”不再是填充统治者欲壑的生产工具，而一跃上升为国家的根基、国家的价值主体，这就决定了孟子倡导的仁政的根本方向。

《说文解字》：“贵，物不贱也。从贝，臾声。”臾，西周金文作，象两手捧物而有所遗落之形。[2]

贵，当是形声兼会意字，会意即使是从指缝中遗落的东西也

[1] 徐复观：《中国思想史论集》，北京：九州出版社，2014 年，第 157 页。

[2] 李学勤主编：《字源》，天津：天津古籍出版社；沈阳：辽宁人民出版社，2012 年，第 580 页。

值得珍惜。本义指价格高，与“贱”相对。

中国古代没有“价值”一词，以某某为贵，就是表示以某某为最有价值。比如，《论语》中说“礼之用，和为贵”，就是说礼的运用是以遵守的从容与达到的和谐为最有价值。《孝经》说“天地之生，人为贵”，就是说在天地所生的人与万物中，人是最有价值的。[1]

中国古代社会的思想家，对于统治者与老百姓的关系问题多有论述。管仲提出，“政之所兴，在顺民心，政之所废，在逆民心”（《管子·牧民》）；老子也说，“圣人无常心，以百姓心为心”（《老子》第四十九章）；而孟子是最集中、最强烈地阐述民本思想的古代思想家，他赋予民众前所未有的尊严，让民众第一次知道自己应该得到尊重，“遂成为针对虐政之永久抗议”[2]。

孟子的民本思想体现了前所未有的政治理念，它具体表现在：

---

[1] 参见李存山：《〈孟子〉七篇解读·尽心篇》，济南：齐鲁书社，2018年，第911页。

[2] 萧公权：《中国政治思想史》，北京：商务印书馆，2017年，第97页。

民众是权力的价值主体。孟子曾经引用了《尚书·泰誓》中的话："天视自我民视，天听自我民听。"天的视听是根据人民的视听，人民之所欲，天必从之。孟子认为执政者的权力，表面上来源于上天，实际上是来源于人民，人民是国家、社会的价值主体。民本主义高于王权主义。

权力运行的目的是富民。孟子讲"民可使富也"(《孟子·尽心上》)，"七十者衣帛食肉，黎民不饥不寒，然而不王者，未之有也"(《孟子·梁惠王上》)。执政者要保障人民的生存权，使他们不饥不寒。不寒就是温，不饥就是饱，温饱就是孟子对执政者富民的基本要求。

执政者对权力运行的结果要负责。孟子讲："行政不免于率兽而食人。恶在其为民父母也？"(《孟子·梁惠王上》)施行政治，却不免于率领野兽来吃人，那又怎么能够做老百姓的"父母官"呢？没有良好效果的执政是应该也必须被问责的。

权力运行的过程要尊重民意。孟子告诫执政者，民意是"择贤""去奸""杀伐"的重要依据。孟子说：左右亲信都说某人贤能，还不能用；各位大夫都说某人贤能，还不能用；国人都说某人贤能，然后去考察他，发现他确实贤能，再任用他。左右侍臣都说某人不行，不要轻信；各位大夫都说某人不行，不要轻信；国人都说某人不行，然后去考察他，发现确实不行，再罢免他。左右侍臣都说某人可杀，不要轻信；各位大夫都说某人可杀，不要轻信；国人都说某人可杀，然后去考察他，发现确实可杀，然后再杀掉他。这样才能够做老百姓的“父母官”。（见《孟子·梁惠王下》）“左右”是君王身边的近臣；“大夫”是朝中的百官；“国人”是国中的百姓。近臣多阿谀奉承之辈，其言最不可信；朝中大夫亦多党同伐异之事，其言也不可轻信；国人之言，才是公意的反映，应该受到重视。孟子的思想或许是受到孔子“众恶之，必察焉；众好之，必察焉”（《论语·卫灵公》）的影响，但孟子将“众”明确转化为“民”，突出了民的地位，在继承的基础上有了创新、发展。

同时，民意还是对外关系的重要依据。在齐宣王问是否伐燕、取燕的时候，孟子提醒他，是否伐燕、取燕要看燕国老百姓的态度。（见《孟子·梁惠王下》）

孟子的民本思想是具有永恒魅力的，在今天仍具有借鉴意义。

2300 多年前的邹国（今山东邹城一带），曾经发生了这样一件事情：

邹与鲁鬨[1]。穆公问曰："吾有司死者三十三人，而民莫之死也。诛之，则不可胜诛；不诛，则疾视其长上之死而不救，如之何则可也？"（《孟子·梁惠王下》）

公元前332年，邹国与鲁国发生争斗。邹穆公问孟子："我的官员被打死了三十三人，百姓却没有一个人拼死相救。这些百姓，杀了他们吧，人又太多；不杀吧，他们眼睁睁地看着长官被打死而不去相救，我又气不过。先生您说怎么办才好呢？"

孟子是怎么回答的呢？

孟子对曰："凶年饥岁，君之民老弱转乎沟壑，壮者散而之四方者，几千人矣，而君之仓廪实，府库充，有司莫以告，是上慢而残下也。曾子曰：'戒

[1]"鬨"不可简化为哄。鬨或写作鬮，从門从巷，会意私斗。邹与鲁鬨，暗指邹鲁关系，乃春秋笔法。

之戒之！出乎尔者，反乎尔者也。’夫民今而后得反之也。君无尤焉。君行仁政，斯民亲其上，死其长矣。”（《孟子·梁惠王下》）

孟子回答说，在饥荒年头，百姓年老体弱的弃尸荒野山沟，年轻力壮的四处逃散，差不多有一千人，您的粮仓里却堆满粮食，库房里装满财宝。现在是老百姓报复您的时候了，您不要责怪百姓，他们不过是以您对待他们的方式对待您罢了！只要您施行仁政，老百姓自然就会亲近长官，愿为他们拼命。

中国共产党人对孟子的“民贵君轻”说有深刻的理解。1945 年秋，陈毅带兵解放邹县老城，去了孟庙，还留下了一首诗：

杀敌过邹县，军还访孟祠。
古柏满生意，残碑启幽思。
好辩子奚辩？断机母见机。
民贵君轻说，周孔难为师。

在陈毅看来，面对孟子的“民贵君轻”说，即使是伟大的周公、孔子也不能称老师。

走在新时代，中国共产党人更加强调“不忘初心，牢记使命”。什么是初心？为中国人民谋幸福，为中华民族谋复兴。这不正是对孟子民本思想的继承与发展吗？

保民是孟子仁政学说的核心，是孟子实施仁政的宪纲。它不仅仅是理论上的、观念上的，而且是可以触摸的，有制度上的考量——他提出了安民、富民、教民等仁政措施。保民与安民、富民、教民共同构成了孟子仁政学说的完整体系。

第二味药：安民

“安”是会意字。是房子，代表家；是女子，会意女子安

居室内。“安”的本义有静、定等意思。《尔雅·释诂》：“安，定也。”

房子里面有一个女人，为什么就是安静、安定的意思呢？有人用我们今天的生活来解释古代的汉字，说女孩子谈恋爱，先问男方，有房子吗？有房子，那她的心就安了。

其实房子里面的这个女子，是母亲。一个人无论在工作上、学习上如何辛苦，在社会上受到了多少挫折，心里如何动荡不安，只要回到家里，见到母亲，就会瞬间平静下来。为什么？因为回到母亲温暖的怀抱里了。

在讲“孝”字的时候，我们讲过孔子的一句话，“子生三年，然后免于父母之怀”。人从出生到三岁之前，是不会走路或者走不好路的，要在父母怀抱中度过。人生命初期在父母怀抱中的温暖记忆，会伴随终生！无论多大，只要想到、见到母亲，你的那颗心就会充满温暖，安静、安定下来。这就是“安”字造字的原理所在。

孟子讲安民，就是要求每一个执政者，要不断地修养自己的为政之德，努力把工作做好，把国家治理好，让生活在其中的每一个人，都像生活在母亲怀抱中那样温暖、幸福。为此，孟子提出了许多保障老百姓平安幸福的具体措施。

1. 安民措施第一条——不嗜杀

“赆”的繁体字作“贐”，或写作“賮”，应该是会意兼形声字，从贝从尽，尽亦声。《六书故》：“赆，行资也。”“赆”的本义是送给行路人的礼物。

“賮”的金文写作。是“盡”的省文。“盡”的甲骨文写作，从皿从聿，象人手持一把刷子擦拭器皿内壁之形，表示饮食已尽而洗涤，以此表示终尽的意思。表示礼物；表示礼物的量。送给行路人多少礼物呢？够路上某些花销就可以啦。

古人行礼是很讲究的。送给人礼物，不是想着让别人先欠着人情，以便将来攫取更多的利益，而是诚心诚意帮助别人。

孟子周游列国的时候，非常

风光，“后车数十乘，从者数百人”（《孟子·滕文公下》）。各国国君宾客相待，还经常敬奉点礼物，孟子有时候收，有时候拒绝。他的学生陈臻看不明白：

> 前日之不受是，则今日之受非也；今日之受是，则前日之不受非也。夫子必居一于此矣。(《孟子·公孙丑下》）

陈臻说：“如果前日不接受是对的，那么现在接受就是错的；如果现在接受是对的，那么前日不接受就是错的。老师您于两者必有其一犯错了。”

给学会逻辑思维的学生当老师真是不容易。不过孟子心里自有主张。

> 孟子曰：“皆是也。当在宋也，予将有远行，行者必以赆，辞曰：‘馈赆。’予何为不受？当在薛也，予有戒心，辞曰：‘闻戒，故为兵馈之。’予何为不受？若于齐，则未有处也。无处而馈之，是货之也。焉有君子而可以货取乎？”（《孟子·公孙丑下》）

孟子说："收与不收都是正确的。在宋国的时候，我们准备远行，对远行的人理应送一点路费，所以宋君说：'送上一些路费。'为什么不接受呢？在薛地的时候，我有戒备之心，薛君说：'听说有所戒备，送点买兵器的钱。'为什么不接受呢？至于在齐国，就没有理由啦。没有理由而送钱，这是收买我。哪有君子可以被收买的道理呢？"

跟着有智慧的老师很幸福，他可以教你明白事理。

孟子离开薛地时为什么会担心路上的安全，甚至接受薛君的"兵馈"——买兵器的钱呢？显然孟子要对付的不是哪一个国家的军队，而是路上可能遇到的强盗。孟子师徒即使没有"后车数十乘，从者数百人"那样浩浩荡荡的队伍，人数也一定不少，这样还需要买兵器以防强盗，可见当时社会的不太平。

让老百姓生活不能安定的不仅有强盗，更有"天下之人牧"：

> 今夫天下之人牧，未有不嗜杀人者也。如有不嗜杀人者，则天下之民皆引领而望之矣！诚如是也，民归之，由水之就下，沛然谁能御之？（《孟子·梁

惠王上》）

孟子说，当今天下的执政者没有不好杀人的。如果有一个不好杀人的人，那么天下的老百姓就会对他翘首以盼。真能如此的话，百姓归顺他，就像水往低处奔流，浩浩荡荡谁能阻拦得了呢？

《曲礼》云："九州之长，入天子之国曰牧。"是天下之人牧即天下之人君也。《说文·攴部》云："牧，养牛人也。"牧之义为养，每一州之中，天子选诸侯之贤者，以养一州之人，即以名之为牧，故赵氏云牧民之君即养民之君也。君所以养民，而反嗜杀人，失其为君之道，赵氏探孟子称人牧之义而说之也。赵氏以一为仁政，故云行此仁政。（焦循《孟子正义》卷三）

春秋时代见于记载的战争有1200余次；战国时代少一点，460余次，但战争规模之大、持续时间之久、战况之惨烈，远远高于春秋时代。对于这些战争，孟子一言以蔽之——"春秋无义战"（《孟子·尽心下》）。

不义的战争给老百姓带来了深重的灾难。

孟子愤怒地控诉发动不义战争的人：

> 争地以战，杀人盈野；争城以战，杀人盈城。此所谓率土地而食人肉，罪不容于死。（《孟子·离娄上》）

他严厉地批判助纣为虐的人：

> 有人曰，“我善为陈[1]，我善为战”。大罪也。（《孟子·尽心下》）

他冷冷地警告发动不义战争、助纣为虐的人：

> 吾今而后知杀人亲之重也。杀人之父，人亦杀其父；杀人之兄，人亦杀其兄。然则非自杀之也，一间耳。[2]

---

[1] 陈，同“阵”。

[2] “然则非自杀之也，一间耳”的意思是：虽然不是自己杀了父亲、兄弟，但也相差不多。

（《孟子·尽心下》）

他热切期盼着伸张正义、安定百姓的圣王的出现：

南面而征，北狄怨；东面而征，西夷怨，曰：“奚为后我？”武王之伐殷也，革车三百两，虎贲三千人。王曰：“无畏！宁尔也，非敌百姓也。”若崩厥角稽首。[1]（《孟子·尽心下》）

2. 安民措施第二条——使民以时

“时”是会意兼形声字。甲骨文写作（旹），从口（）从之（），之亦声。“之”是会意字，甲骨文从（象足形）从（代表某地），表示

[1]“若崩厥角稽首”的意思是：百姓叩首，像野兽崩断了角一样。

人站在或离开此地。（时），会意太阳运行到某一刻。《说文解字》：“时，四时也。”“时”的本义是一年四季中的某一季，引申为农时、天时、时机、时运等。

> 不违农时，谷不可胜食也；数罟不入洿池，鱼鳖不可胜食也；斧斤以时入山林，材木不可胜用也。谷与鱼鳖不可胜食，材木不可胜用，是使民养生丧死无憾也。养生丧死无憾，王道之始也。（《孟子·梁惠王上》）

不妨碍农时，粮食就吃不完了；密孔的鱼网不入池沼，鱼鳖就吃不完了（鱼网网孔太密，一网下去大鱼小鱼都捞上来了，没有了小鱼，来年也就不会再有大鱼）；按时令进入山林砍伐木材，木材就用不完了（与“数罟不入洿池”同样体现孟子的生态意识）。粮食和鱼鳖吃不完，木材也用不完，百姓养生丧死就没有什么缺憾了。百姓养生丧死没有缺憾，王道就开始了。

“不违农时”“数罟不入洿池”“斧斤以时入山林”都是对执政者提出的要求，要求他们“使民以时”。

春耕、夏耘、秋收、冬藏，四者不失时，故五谷不绝，而百姓有余食也；污池、渊沼、川泽，谨其时禁，故鱼鳖优多，而百姓有余用也；斩伐养长不失其时，故山林不童[1]，而百姓有余材也。（《荀子·王制》）

荀子论人性与孟子大不同，但一说起“使民以时”，却展现出惊人的一致。

《2019年政府工作报告》要求：“推行网上审批和服务，抓紧建成全国一体化在线政务服务平台。”有朋友半开玩笑地问我：殷老师，您经常讲《孟子》，能从《孟子》中找一句话，作为这个未来的“全国一体化在线政务服务平台”的文化标语吗？我说这个简单，张口就来：

孟子曰：“民事不可缓也。”（《孟子·滕文公上》）

孟子说：“老百姓的事情是不可以怠慢的，是必须

[1] 童：秃，指山上没有草木。

立刻做的。”

老百姓的事为什么缓不得？因为老百姓的事重要，用我们今天的话说，就是人民利益无小事。执政者要时刻把老百姓放在心上，勤政而不怠政。

老百姓的事为什么缓不得？因为老百姓的事有时间要求，能一天办完的不能拖到两天，该一周办完的不能拖到两周甚至一个月还办不完。特别是孟子的时代，老百姓的事绝大多数是农事，农事有一个显著的特点，就是要知时，要顺应自然，不能错过农时。

3. 安民措施第三条——善养鳏寡孤独

“孤”是会意兼形声字。表示儿童；象蔓藤上长的一个瓜。与合起来，会意孩子像蔓藤上长的瓜一样孤独。《说文

解字》："孤，无父也。""孤"的早期本义为丧父的儿童，后指父母双亡的儿童。没有子女的人也被称为"孤"。皇帝有时也自称"孤"，意思是自己失道寡助，孤家寡人一个——这里面有自谦与自警的蕴意。

即使到今天，社会的发展也不能满足所有人的物质需求，关爱弱势群体依然是政府的一项重要工作。怎样的社会才是文明的社会？不是富人更富，而是穷人不再穷，弱势群体受到关爱。孟子对此有深刻的认识：

> 老而无妻曰鳏，老而无夫曰寡，老而无子曰独，幼而无父曰孤。此四者，天下之穷民而无告者。文王发政施仁，必先斯四者。（《孟子·梁惠王下》）

孟子说，年老无妻叫作"鳏"，年老无夫叫作"寡"，年老无子叫作"独"，年幼无父叫作"孤"。这四种人，是天底下贫穷且没有依靠的人。文王施行仁政，一定要先考虑他们。

在其他地方，孟子还提到善养老者可以得民而王：

> 孟子曰："伯夷辟纣，居北海之滨，闻文王作，

兴曰：‘盍归乎来！吾闻西伯善养老者。’太公辟纣，居东海之滨，闻文王作，兴曰：‘盍归乎来！吾闻西伯善养老者。’二老者，天下之大老也，而归之，是天下之父归之也。天下之父归之，其子焉往？诸侯有行文王之政者，七年之内，必为政于天下矣。”（《孟子·离娄上》）

伯夷为了躲避商纣王，居住在北海之滨，听说文王兴起，起身说：“何不去归附他呢！我听说西伯善于奉养老人。”姜太公为了躲避商纣王，居住在东海之滨，听说文王兴起，起身说：“何不去归附他呢！我听说西伯善于奉养老人。”

孟子说：“伯夷、姜太公两位老人，是天底下最有声望的老人，他们归附西伯，等于天下的父亲都归附西伯。天下的父亲都归附西伯，他们的儿子还会到哪里去呢？今天的诸侯中如果有能奉养老人行文王之政的，七年之内，必定能掌握天下的政权。”

孟子的善养鳏寡孤独与我们今天的扶贫意义大体一致。当然，我们今天做得更好，我们是精准扶贫。

杨海文教授说过一句话：“理想走得好慢，历史走得好快。”孟子提出的善养鳏寡孤独放在今天也不是一件容易的事情。难事多是好事，好事必须做好。

2019 年发布的《中共中央 国务院关于坚持农业农村优先发展做好“三农”工作的若干意见》，将决战决胜农村脱贫攻坚摆在了首位。解决农村脱贫为何要用“攻坚”这样的字眼？因为时间紧任务重。

从根本上解决贫困问题，自然还是要发展经济，创造出更多的财富。这正是我们接下来要讲的孟子外敷药方的另一味药：富民。

第三味药：富民

有人诟病儒家专注于空头的道德，而不讲物质利益，这是对儒家尤其是先秦儒家的极大误解。

> 孟子曰：“周于利者，凶年不能杀；周于德者，邪世不能乱。”（《孟子·尽心下》）

财富积累厚，可以抵御荒年而不至于饿死；道德修养好，可以抵御乱世而不受迷惑。

孟子说的这段话，着眼点当然不在财富，而在道德。但既然可以财富喻道德，可见财富在孟子心中也很有分量。重视物质利益以满足民众基本的生活需求，是儒家在孔子之时就已经明确建立起来的政治主张。[1]

“富”是会意兼形声字。介就是“宀”，象尖顶房屋的侧视之形。畐就是“畐”，象酒坛之形（古文字字形中，畐、酉同构）。家里有酒就是“富”。“富”的本义是生活宽裕。

为什么家里有酒可以会意生活宽裕呢？大家知道，在远古的时候，农业生产水平极低，人经常因为没有粮食吃而挨饿。这种情况到了孟子那个时候也没有多少改变，所孟子才说：“乐岁终身苦，凶年不免于死亡。”（《孟

[1]《论语·子路》：“子适卫，冉有仆。子曰：‘庶矣哉！’冉有曰：‘既庶矣，又何加焉？’曰：‘富之。’曰：‘既富矣，又何加焉？’曰：‘教之。’”

子·梁惠王上》）“乐岁”就是丰收的年景。丰收的年景老百姓很辛苦，虽然辛苦，但有粮食吃，可以活下去。一旦遇到“凶年”，也就是歉收的年景，老百姓辛苦劳作也没有用了，没有粮食吃，就会饿死。在那样的生活环境下，突然有一天，你发现家里的粮食不仅够吃了，而且还有多余的粮食可以酿酒，那不就是富了吗！这就是古人造“富”字的原理。

> 民之为道也，有恒产者有恒心，无恒产者无恒心。苟无恒心，放辟邪侈，无不为已。及陷乎罪，然后从而刑之，是罔民也。（《孟子·滕文公上》）

孟子说，老百姓的生活之道是，有了稳定的财产、稳定的收入，心就会从容、安定。如果没有稳定的财产、稳定的收入，老百姓的心就会动荡不安，就容易违法犯罪。等到老百姓违法犯罪之后，再用刑罚来制裁他们，作为执政者，这是有意残害老百姓。

为什么老百姓犯罪，板子却打在执政者身上呢？孟子的逻辑是，老百姓之所以犯罪，是因为心里不安；老百姓心里不安，是因为贫穷；老百姓贫穷，是因为执政者没有把国家治理好。所以，罪是老百姓犯的，过错却在执政者那里。

> 焉有仁人在位罔民而可为也？是故明君制民之产，必使仰足以事父母，俯足以畜妻子，乐岁终身饱，凶年免于死亡，然后驱而之善，故民之从之也轻。（《孟子·梁惠王上》）

孟子接着说：哪有仁人当了官而可以做陷害百姓的事呢？因此，贤明的君主帮助老百姓发展产业，一定要使他们上足以奉养父母，下足以养活妻儿，丰收的年景一年到头能温饱，歉收的年景也可免于饿死。这个时候再号召老百姓向善，百姓就会很乐于听从了。否则，饥寒交迫，你还要老百姓讲道德，老百姓当然不听你的。

由此可以看出，孟子认为富裕是老百姓的正当要求和权利，“富民”是执政者的责任和义务。为此他做了许多顶层设计。

1. 富民措施第一条——实行“井田制”

> 方里而井，井九百亩，其中为公田。八家皆私

百亩，同养公田；公事毕，然后敢治私事。（《孟子·滕文公上》）

按照古人的说法，每 300 步见方是一方里，一方里形成一个井。每块井田的面积是 900 亩，平均分成九块，每一块地 100 亩。中间那一块是公田，周围的八块都是私田。到干活的时候，这八家不能先干自己的，要先到公田里去干活，等公田的活干完了才能分头干自己的。到收粮食的时候，也不能先收自己的，而是先收公田的，收完交公，然后才能收自己的那一份。[1]

孟子讲的“井田制”[2]，有人说历史上没有实行过，或者说古人实行的“井田制”与孟子讲的不一样。其实，这都不重要，重要的是孟子针对农业社会提出了一个根本性的问题——土地问题。

土地问题的重要性无需赘述，孟子之后乃至孟子之前的中国治乱兴衰史，一再证明了它。自孟子所处时代

[1] 参见杨海文：《〈孟子〉七篇解读·滕文公篇》，济南：齐鲁书社，2018 年，第 287 页。

[2] “井田制”是后世的习惯叫法，孟子称“井地”。

至今 2300 多年的历史中，社会出现大动荡的原因往往是大量土地被少数人占有，老百姓失去了稳定的财产、稳定的收入，心里动荡不安，于是揭竿而起，社会动乱便开始了。孟子曰：“诸侯之宝三：土地、人民、政事。宝珠玉者，殃必及身。”（《孟子·尽心下》）

孟子讲的“井田制”在孟子之前的状况不重要，但孟子讲“井田制”的背景值得我们注意。

滕国的国君滕文公在做太子的时候就对孟子特别崇拜，他执政以后便立刻派人到邹国，请教孟子如何治理国家。孟子告诉滕文公要倡先王之道，行仁政。孟子仁政思想的核心内容大都在这次问答中涉及。如“民事不可缓”，“有恒产者有恒心”，明人伦行教化，实行什一税，实行井田制，等等。

孟子的仁政思想加上滕文抓铁有痕般的落实，让滕国有了一定的发展，滕国的名气也越来越大，对周边地区产生了一定的影响。这是孟子仁政思想成功的也是唯一的实践。杨海文先生感慨说：

> 我读《孟子》，有一个特别深的感受：孟子无论跟哪一个诸侯交流，无论怎么劝他行仁政，就是

> 没有诸侯真正按照孟子说的去做；只有一个例外，就是滕文公。……只有滕文公一个人是真心实意地按照孟子说的，去做了孟子理想当中所要求的那些事情。在这个意义上，滕文公在孟子王道理念的发展史上，在孟子王道理念实践的历史上，是一个特别的例外。……滕文公是孟子的知己。[1]

这让我们有一个问题需要思考：是孟子的思想“迂远而阔于事情”呢，还是人们不了解孟子而无法像滕文公那样做孟子的知己？

2. 富民措施第二条——勘正经界

“正”是会意字，上面的表示人行动的目标，下面的是

[1] 杨海文：《〈孟子〉七篇解读·滕文公篇》，济南：齐鲁书社，2018 年，第 251~252 页。

人的一只脚，合起来就是人面对目标行动，并在行动中辨别、调整自己行动的方向。“正”的本义一是正确，二是匡正。

夫仁政，必自经界始。经界不正，井地不钧，谷禄不平，是故暴君污吏必慢其经界。（《孟子·滕文公上》）

实行仁政，必须从经界开始。“经界”就是为土地划界，各家田地的分界线到底在哪里，必须搞清楚。为什么要这样呢？因为“经界不正，井地不钧，谷禄不平”，土地界线不清楚，井地的大小就不均匀，官员的俸禄就会与他的职位不相称。

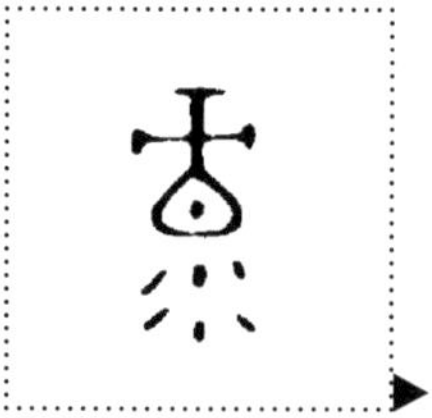

土地界线不清楚与官员的俸禄有什么关系呢？了解“禄”的

字源就明白了。

“禄”，甲骨文写作，即“录”，象辘轳汲水之形。汲水灌溉，可保丰收，故“录”有福泽之意。后加示旁作“禄”，专用为福禄之禄，引申为官员的俸禄等。[1]

古代制禄之法，或赐或颁无定，或田邑或粟米或钱物历代差等不一。孟子所言应是以田邑为禄。

勘正经界有利于社会公平，但那些暴君污吏总是怠慢，不把它当回事，甚至有意破坏。为什么呢？因为它对于那些既得利益者是极大的伤害——经界勘正了，他们就没有办法继续浑水摸鱼，侵占老百姓的利益了。

可以说，孟子的匕首随时、准确地投向老百姓的敌人。

3. 富民措施第三条——发展庭院经济

> 五亩之宅，树之以桑，五十者可以衣帛矣。鸡豚狗彘之畜，无失其时，七十者可以食肉矣。（《孟子·梁惠王上》）

---

[1] 汉语大字典编辑委员会编纂：《汉语大字典》第4卷，武汉：湖北辞书出版社；成都：四川辞书出版社，1988年，第2402页。

这里的“畜”读作 xù，朱熹注：“畜，养也。”（朱熹《孟子集注》）

“畜”的甲骨文作，“从从，即糸，象束丝形，亦篆文玄字所本；当象田形，形不方者乃小讹，其中小点乃象草木形。《淮南子·本经篇》：‘拘兽以为畜。’田猎所得而拘系之，斯为家畜”[1]。“畜”作名词用就是指人所饲养的禽兽，读作 chù；作动词用指饲养禽兽，读作 xù，引申为顺从、驯服、喜欢、喜爱等。

在房前屋后栽上桑树，桑树产桑叶，桑叶喂蚕，蚕抽丝，丝织布，这样五十岁的老人就可以穿上好衣服了。在院子里养上鸡狗猪，不要错过它们的繁殖时节，好好喂养，七十岁的老人就可以

[1] 徐中舒主编：《甲骨文字典》，成都：四川辞书出版社，1989 年，第 1469 页。

吃到肉了。

这不就是典型的庭院经济吗？

我们再回过头来看一下，一直到改革开放之前，汉族特别是生活在内陆地区的人，他们的经济来源在哪里？一是在土地，还有一个就是在庭院。“百亩之田”为主、“五亩之宅”为辅的经济模式，构成 2000 多年来中国社会经济模式的主体，而这恰恰是孟子 2000 多年前提出来的！

4. 富民措施第四条——取民有制

“彻”是会意字，甲骨文作，从（鬲），从（又，即手）。罗振玉《增订殷虚书契考释》卷中称：“此从鬲从又，象手象鬲之形，盖食毕而彻去之。”[1]

[1] 罗振玉：《殷虚书契考释三种·增订殷虚书契考释》，北京：中华书局，2006 年，第 526 页。

引申为剥取，再引申为税。相传周代的田税实行“彻”，税率为十分之一。

> 哀公问于有若曰：“年饥，用不足，如之何？”
> 有若对曰：“盍彻乎？”
> 曰：“二，吾犹不足，如之何其彻也？”
> 对曰：“百姓足，君孰与不足？百姓不足，君孰与足？”（《论语·颜渊》）

鲁哀公问孔子的弟子有若说：“今年年岁不好，国用不宽裕，有什么办法呀？”有若回答说：“为什么不收十分之一的税呢？”哀公一听就烦了，说：“我现在已经收了十分之二的税了，尚且感到不足，怎么可能只收十分之一的税？”有若如何回答的呢？

有若不愧是圣门出身，给贪心的鲁哀公浇了一盆凉水，让鲁哀公从头凉到脚：“只要百姓都宽裕了，你还有什么不宽裕的呢？若使百姓都不宽裕，你又怎么能宽裕呢？”

君与民是政治生活中的一对欢喜冤家，君与民矛盾的重点之一就在税收上。对此，孟子是这样论述的：

王如施仁政于民，省刑罚，薄税敛。（《孟子·梁惠王上》）

孟子告诫君王，如果行仁政，就一定要对老百姓少用刑罚，减轻赋税。他还主张向老百姓收税要有节制、有制度：

贤君必恭俭礼下，取于民有制。(《孟子·滕文公上》)

“制”是会意字。《说文解字》：“制，裁也。从刀从未。”朱骏声《说文通训定声》按：“以刀断木，从未犹从木也。”“制”的本义是裁断、切割，引申为节制、约束、制度等。

孟子说，贤明的君主必定恭敬节俭，对臣下以礼相待，向百姓征收赋税有“制”。这个“制”应该有节制、制度的双重含义：一方面要节制，不能多收；另一方面要有制度，不能乱收税。多收乱收都会加重老百姓的负担，使老百姓受到伤害。

孟子曰：“有布缕之征，粟米之征，力役之征。君子用其一，缓其二。用其二而民有殍，用其三而父子离。”（《孟子·尽心下》）

孟子说：“赋税有征收布帛、麻线的，有征收粮食的，有征用人力的。君子征用其中一项，就暂缓征用其他两项。因为同时征用其中两项，百姓就会有饿死的；同时征用三项，百姓就会父子骨肉离散。”

若有人问，既然要“薄税敛”，那不收税岂不是更好？孟子会非常理智地告诉他，“薄”不是“免”。为什么呢？

无君子，莫治野人；无野人，莫养君子。请野九一而助，国中什一使自赋。（《孟子·滕文公上》）

这里的“野人”，不是骂人的话。《尔雅·释地》：“邑外谓之郊，郊外谓之牧，牧外谓之野，野外谓之林，林外谓之坰。”“野”可以泛指农村，“野人”指农民。“国中”指城市。

没有官吏，就没有人来治理国家，管理百姓；没有百姓，就没有人来纳税，供养官吏。官吏和百姓的社会分工不同，官吏劳心，百姓劳力，两者都不可缺少。有了“劳力”，就有了税收，“君子”才能够安心工作；有了“劳心”，社会才能得到治理，“野人”才能更好地生存下去。

老百姓交多少税比较合适呢？孟子说：“野九一而助，国中什一使自赋。”对于农村，采取九抽一的助法，这说的就是井田制。九块地，中间那100亩是公田，其余800亩是私田，八家同养公田，相当于九分之一的税率。对于城市，采取十抽一的贡法——城里面做生意的按十分之一的税率交税。

孟子不仅主张“取民有制”，还主张对农民与商人要区别对待。为什么要区别对待？孟子没有说。对于为什么向商人征税，孟子倒是讲过：

古之为市也，以其所有易其所无者，有司者治之耳。有贱丈夫焉，必求龙断而登之，以左右望，而罔市利。人皆以为贱，故从而征之。征商自此贱丈夫始矣。（《孟子·公孙丑下》）

古时候设立做买卖的场所，目的在于以有易无，方便生活，有关部门只是管理罢了。不曾想有个卑贱的男子，一定要找块独立的高地爬上去，左右张望，恨不得把所有交易的好处都捞干刮净。大家都觉得他卑贱，于是开始对他征税。对商人征税就是从这个卑贱的男子开始的。

没想到商业税竟是从商人贪利开始的。

孟子赞同经商，因为经商可以互通有无，方便人们的生活，但他厌恶垄断，因为垄断损及他人。孟子赞同税收，因为税收不仅带来财政收入，还可以调控社会经济，但他厌恶暴敛无度，因为暴敛无度危害百姓的生活。

我曾经写过一个书法小品，就写了一个“富”字，发表在《人民日报·海外版》上。为了发表这个作品，我还写了一段话，可惜编辑老师没有采用：

有个安稳的家，可以丰衣足食，这便是先民的财富观。有人主张财富乃身外物，说“生不带来死不带去”。这句话用在个人修为上，固然是不错的，但是用在为数众多的民众身上，就有失偏颇了，因为在那生死之间还有一段漫长的生活，需要用“财富”去满足“食有粮，居有房”的需求。

“富”是老百姓最亲近的一个字，是老百姓的梦想。富为民之本，民富方能国强；强为国之基，国强方能民安。在社会主义核心价值观中，“富强”列居首位，原因就在于此。

现在我们经常提社会主义核心价值观，不知道有没有人想过，为什么“富强”列居首位？我想，如果不去读《孟子》，不了解孟子的仁政思想，不了解孟子有关富民的论述，你可能就不理解“富强”为什么列居首位，或者理解得不那么深。这也从另一个角度说明，我们需要从传统文化中汲取营养。

孟子曰：“易其田畴，薄其税敛，民可使富也。食之以时，用之以礼，财不可胜用也。民非水火不生活，昏暮叩人之门户求水火，无弗与者，至足矣。

圣人治天下，使有菽粟如水火。菽粟如水火，而民焉有不仁者乎？”（《孟子·尽心上》）

菽是豆子，粟是小米。“菽粟”泛指粮食。

孟子说，整治耕地，减轻税收，可以让百姓富足。按时令饮食，依礼制消费（财物），财物便用不完。水火是生活必需品，百姓没有水和火就无法生活，但是如果晚上有人敲门讨要水火，却没有不借的人，因为水火家家都有很多。圣人治理天下，就要使百姓家的粮食像水火一样多。粮食像水火一样多，如果晚上有人敲门讨要粮食，就不会有人不借。所以，粮食像水火一样多，百姓哪有不仁爱的呢？

“易其田畴，薄其税敛”，整治耕地则地里产得多，减轻税收则官府搜刮得少，老百姓就留得多，这是开源之法；“食之以时，用之以礼”，按时令饮食则不浪费，依礼制消费则不攀比，财物就积累得多，这是节流之法。开源且节流，有了富足的物质作保障，道德教化就好办多了，这是“先富后教”之法。

“先富”而“后教”是儒家的行政逻辑，顺着这样的逻辑思路，我们的讲述也由富民转向教民。

第四味药：教民

圣王不作，诸侯放恣，处士横议，杨朱、墨翟之言盈天下。天下之言不归杨，则归墨。杨氏为我，是无君也；墨氏兼爱，是无父也。无父无君，是禽兽也。（《孟子·滕文公下》）

看到“禽兽”的字眼，后人有些受不了，以为孟子不是在进行学术辩论，而是在谩骂，有失思想家的风范，这让孟子2300多年来受了太多的批评。其实这是误解。一个人是为“人”还是为“禽兽”，在孟子那里不是轻浮的谩骂，而是十分严肃的价值判断。

“人之所以异于禽兽者几希。”（《孟子·离娄下》）人与禽兽的差别很小，只有一点点，这一点点就是人生而皆有的善性。孟子肯定善性天赋，但同时也肯定“先知觉后知”“先觉觉后觉”——实现人之为人的价值，“教化”是必需的。

“教”是会意字，甲骨文写作。左上是两个叉，表示绳结。结绳记事或许是传说，打绳结以制造劳动工具，确是真实的古代先民的智慧，是古代先民赖以

生存的基本技能之一。左下是小孩，右边是大人手持教鞭。会意大人督导小孩学习打绳结。"教"的本义是指点、传授（在这个意义上读 jiāo），引申为宗教（在这个意义上读 jiào）等。

我们讲课的地方叫孟子书院。书院除了开设"孟子大讲堂"，还开设"孟母大讲堂"。"孟子大讲堂"主要讲儒家文化特别是孟子思想，"孟母大讲堂"主要讲家庭文化特别是家长教育。

有一次，我讲家长教育课，讲到这个"教"字的时候，有位年轻的母亲举手问我："老师，教育孩子的时候能不能打孩子？"我说看"教"字字形，好像能打，不然手里拿着小鞭子干什么呢？（听课的家长们哄堂大笑。）但是，你要打孩子可以，只是不能在你发怒的时候。为什么呢？你自己都发怒了，失去理智了，这个时候教育孩子，能教育好吗？这位母亲一听就笑了：“不发怒谁打孩子呀。”我说对呀，发怒打孩子是家长在教育孩子时经常犯的错误！而且，家长为什么发怒？往往不是因为孩子，而是家长自己不知在什么地方受了委屈，孩子的行为不过是把家长的委屈勾引出来了而已。

孟子说教民，教什么呢？

> 人之有道也，饱食暖衣，逸居而无教，则近于禽兽。圣人有忧之，使契为司徒，教以人伦：父子有亲，君臣有义，夫妇有别，长幼有序，朋友有信。（《孟子· 滕文公上》）

因为人有一个普遍的特点，那就是吃饱、穿暖、安居而没有教养，便与禽兽差不多了。有爱心的圣人为此担忧，于是任命契为司徒，用人伦教导民众：父子有亲情，君臣有道义，夫妇有差别，长幼有次序，朋友有诚信。

儒家认为，只有从人际关系中才能清楚地认识“人”，也只有在人与人的对待关系上才能显现“人”

的意义。父子有亲情、君臣有道义、夫妇有差别、长幼有次序、朋友有诚信就是儒家对人际关系的基本分类，即“五伦”。完成亲、义、别、序、信这五种伦理则需要广泛、深入的教化。[1]“亲”“义”“别”“序”“信”五字中，“义”“信”两个字我们已经解过，下面简单解一下“亲”“别”“序”，以帮助大家理解文本。

“亲”是会意兼形声字。是“见”。是“辛”(刻刀)和“木”的合体，意用刻刀刻制先人的神位。会意人看到先人的神位，就想起了亲情。“亲”的本义就是亲情、亲密，作名词专指父母。

“别”是会意字。甲骨文写作，表示骨头，表示刀。金文写作，象骨头连着肉，象

[1]参见杜正胜：《从眉寿到长生——医疗文化与中国古代生命观》，台北：三民书局，2005年，第81页。

刀形，会意用刀剔剥，让骨肉分离。《说文解字》：“别，分解也。”引申为分离、离别等。

“序”是会意字。表示深屋；表示深屋里面有几个单间。古时家庭成员居住在哪个单间里，关乎礼仪。一般来讲，正堂屋东为上，西为下，长辈住在东边的房间，晚辈住在正屋西边的房间。所以，“序”的本义应是次序。

“父子有亲，君臣有义，夫妇有别，长幼有序，朋友有信”五伦，五句话，二十个字，涵盖了人一生所有的生活空间和做人做事的基本伦理道德。“五伦”的内涵极为丰富，可以说是构成儒家教化的基本内容和主体架构。

“父子有亲”（当然包含母子有亲），父母与孩子之间要相互亲爱，而不是单方面的服从。孟子在回答“君子之不教子”的原因时说：

> 势不行也。教者必以正；以正不行，继之以怒。继之以怒，则反夷矣。“夫子教我以正，夫子未出于正也。”则是父子相夷也。父子相夷，则恶矣。古者易子而教之，父子之间不责善。责善则离，离则不祥莫大焉。（《孟子·离娄上》）

古代的君子之所以易子而教,是因为情势上行不通。君子教育孩子一定要讲正道，如果孩子达不到这样的要求，君子就会发怒，一发怒就会伤了感情。被教育的孩子会说：“您教育我要求我，自己却无法做到。”这样父子之间就伤了感情。父子之间伤了感情，关系就会疏远，这是最坏的情况了。古时候人们相互交换孩子进行教育，就是这个原因。

“不责善”不是不追求善德，而是不求全责备。一味地求全责备，势必会伤害亲情。

重视亲情不仅关乎对孩子知识技能的教育，而且关乎对孩子善性的培养、扩充——“孝弟也者，其为仁之本与”（《论语·学而》）。

“夫妇有别”，看到“有别”的字眼，有人张口就说，孟子主张男尊女卑！这完全是误解。为什么这么说呢？我们先解两个字。

“女”字我们在第二讲解过。“女”的甲骨文字形，象女子两手胸前交叉、屈膝而跪，突出表现了女性天生柔弱的生理特点。有时候也写作，于头部加一短横表示发钗，更显女性特征。

“男”是会意字。从田从力（，古农具耒），会意用耒在田地里耕作。耕田是体力活，主要由男子完成，所以，用表示男人，突出了男性天生强壮有力的生理特点。

“夫妇有别”，不是说男尊

女卑，而是古人根据男女生理上的不同特点做出的不同的家庭分工，即所谓“女主内，男主外”。

古人讲“夫者扶也，妻者齐也”，作为丈夫，要扶起家庭，要做家庭的顶梁柱，越是困难的时候越要如此。作为妻子，要与丈夫齐心，共同照顾好家庭。

“夫妇有别”的“妇”有媳妇、妻子、母亲三种不同的称呼——媳妇是相对于家庭的称呼；妻子是相对于丈夫的称呼；母亲是相对于子女的称呼。早期的婚姻并不是简单缘于爱情，更多是强调人类的繁衍、家庭的责任，所以媳妇的角色先于妻子的角色，母亲的角色先于妻子的角色。[1]

“夫妇有别”，虽然不能简单地与今天的男女平等观念划等号，“但是由夫妻共同努力撑起一个家庭的分工观念，即使不被视为美德，也被广泛地认为是必要的”[2]，与男尊女卑是毫不相干的。

“长幼有序”，兄弟之间以年龄为序而兄友弟

---

[1] 参见杜维明：《儒教》，上海：上海古籍出版社，2008 年，第 88 页。

[2] 杜维明：《儒教》，上海：上海古籍出版社，2008 年，第 88 页。

恭。当然，“长幼有序”不是单纯指兄弟关系，推及社会，它包含了年龄和道德两个层面，即敬长与尊贤。尊贤是长幼有序的核心要求，推及的起点在家庭关系中。[1]

以上三伦讲的是家庭关系。

“君臣有义”，讲的是职业关系。《释名·释言语》：“义，宜也。裁制事物使合宜也。”“义”有宜的意思，宜就是适宜，做事合情合理合法。

我们前面讲过，“宜”是象形字，象两块祭肉放在俎上。祭祀结束后，要严格按照参加祭祀人的身份将祭肉分给每一个人，所以“宜”就有了适宜的意思。

“君臣有义”，要求君臣之间维持一种适当的关系。什么是君臣之间适当的关系？用孔子的话说就是“君使臣以礼，臣事君以忠”（《论语·八佾》），用孟子的话说就是“君之视臣如手足，则臣视君如腹心”（《孟子·离娄下》）。不适当的君臣关系是危险的，甚至会引发冲突：“君之视臣如犬马，则臣视

---

[1] 参见杜维明：《儒教》，上海：上海古籍出版社，2008年，第89~91页。

君如国人；君之视臣如土芥，则臣视君如寇仇。”（《孟子·离娄下》）

君臣之间的适当关系，是在道义原则下，以“为民”为职责而达成的合作，它体现了一种职业的精神。明代遗臣黄宗羲就有这样的论述：

> 夫治天下犹曳大木然，前者唱邪，后者唱许。君与臣，共曳木之人也；若手不执绋，足不履地，曳木者唯娱笑于曳木者之前，从曳木者以为良，而曳木之职荒矣。
>
> 君臣之名，从天下而有之者也。吾无天下之责，则吾在君为路人。出而仕于君也，不以天下为事，则君之仆妾也；以天下为事，则君之师友也。[1]

今天没有了君臣，但可以做一下转化——君就是领导，臣就是被领导，领导与被领导构成了职业——“君臣有义”所传递的道义原则、互助精神，在今天仍然有

[1] 沈善洪主编：《黄宗羲全集》第1册《明夷待访录》，杭州：浙江古籍出版社，2005年，第4~5页。

借鉴意义。

“朋友有信”，说的是社会关系。交朋友是进德修身的重要途径：

> 孟子谓万章曰：“一乡之善士斯友一乡之善士，一国之善士斯友一国之善士，天下之善士斯友天下之善士。以友天下之善士为未足，又尚论古之人。颂其诗，读其书，不知其人，可乎？是以论其世也。是尚友也。”（《孟子·万章下》）

孟子对弟子万章说：“一乡中的善士与这一乡的善士交朋友，一国中的善士与这一国的善士交朋友，天下的善士与天下的善士交朋友。与天下的善士交朋友还不满足，就上溯历史品评古人。吟诵他们所写的诗，研读他们所著的书，而不了解他们的为人，可以吗？所以要讨论他们所处的时代。这就是上溯历史与古人交友。”

> 万章问曰：“敢问友？”
>
> 孟子曰：“不挟长，不挟贵，不挟兄弟而友。

友也者，友其德也，不可以有挟也。”（《孟子·万章下》）

弟子万章问：“请问如何交友？”

孟子说：“不倚仗年纪大，不倚仗地位高，不倚仗兄弟（代指关系）去交友。交友，是因为他的品德而交，不可以有所倚仗。”

朋友之间的关系既不以职务也不以年龄、血缘亲情为基础，它体现了互惠的精神，只有在真诚信任、互惠的基础上才能得以确立。朋友有信，靠的不是一时的酒肉之欢，更不是唯利是图的狼狈为奸，而是共同提升人格境界的长久承诺。[1]

儒家强调的朋友关系，应该表现出两层境界：一是利之和，在利益上要维持平衡；二是乐之同，在善性和道义上要有共同的认可和坚守，这对于今天生活在市场经济环境下的人们，其良好的借鉴价值是不言而喻的。

---

[1] 参见杜维明：《儒教》，上海：上海古籍出版社，2008 年，第 92 页。

"五伦"之中哪一伦应该排在第一位呢？孟子是把"父子有亲"排在第一位，也有人把"君臣有义"排在第一位，我想"夫妇有别"排在第一位可能更好。

《易传·序卦》：

> 有天地，然后有万物；有万物，然后有男女；有男女，然后有夫妇；有夫妇，然后有父子；有父子，然后有君臣……

夫妇一伦应该是"五伦"的起点。顺着时间轴向上，对父母要孝敬，对哥哥姐姐要恭敬；顺着时间轴向下，对弟弟妹妹要关爱，对子孙要慈爱；这就是父慈子孝、兄友弟恭，讲的是"父子有亲""长幼有序"。"夫妇有别"与"父子有亲""长幼有序"这三伦就在时间轴上展开了中国人的生命意义：上对祖先下对子孙而负责。

同时夫妇还有自己的生活空间，一方面要从事职业，从事职业要求符合道义，要合情合理合法，这说的是现代意义上的"君臣有义"；另一方面要交朋友，交朋友讲的是诚信，这说的是"朋友有信"。这样，"夫妇有别”又与“君臣有义”“朋友有信”在空间轴上展开了中国人的生命意义：讲诚信、尚道义。

“父子有亲，君臣有义，夫妇有别，长幼有序，朋友有信”所组成的时空轴，涵盖了中国人一生所有的生活空间和做人做事的基本伦理道德。

人应该自觉地扮好在家庭、职业、社会中的角色，若人人皆能如此，良好的社会秩序就可以建立起来了，这正是孟子教民“五伦”的目的所在。

杜维明先生指出：

> 虽然秩序和食粮为人类的延续提供了最基本的条件，然而它们对于人类的繁荣昌盛还是远远不够的……人类的繁荣昌盛远远超过了肉体舒适的基本需求，于是“五伦”之善就有必要提出来。……孟子提出“五伦”的背景说明了教育的目的就是抗拒经济上富足之后的逸居放任。这一点有助于我们理解，调节人伦的德目不仅具有规范性且具有示范性。[1]

---

[1] 杜维明：《儒教》，上海：上海古籍出版社，2008 年，第 84~85 页。

儒家教化的对象不仅仅是“民”，还包括“君”“臣”这些统治者，更准确地说，接受教化的首先应该是“君”“臣”这些统治者，这是教民的先决条件。

> 惟仁者宜在高位。不仁而在高位，是播其恶于众也。上无道揆也，下无法守也，朝不信道，工不信度，君子犯义，小人犯刑，国之所存者幸也。（《孟子·离娄上》）

孟子说，只有仁者才适合处于高位。不仁的人处在高位，就会把他身上的邪恶传播给老百姓。在上的（主要指君）不按法理行政，在下的就不按法理做事，朝廷不信道义，工匠就不信尺度，官吏违反理义，百姓就触犯刑律，这样国家还能存活下去，只能是侥幸。

孟子对官员政德修养的要求是多方面、高标准的，如果有机缘，我们另作专题讲述。这里，我简单解三个字，讲三个方面：1. 敬——规矩意识；2. 畏——内省习惯；3. 廉——廉洁作风。

1. 规矩意识

“敬”是会意字，从（口），从（头发竖起的人），

从攴（支，一手持杖）。许进雄《简明中国文字学》：“手持杖刑问一人以儆戒之？”[1]从字形上看，确实是一个人被别人拿着刑杖惩戒，吓得头发都竖起来了，还不由自主地发出惊惧的呼声。“敬”的本义为儆戒、严肃、肃敬。

由“敬”的造字原理可以看出，“敬”来自外在的约束、惩戒。比之政德，它给我们带来的启示是，官员要敬畏国家的法律法规，树立强烈的规矩意识。

孟子说：

> 离娄之明，公输子之巧，不以规矩，不能成方圆；师旷之聪，不以六律，不能正五音；尧舜之道，不以仁政，不能平治天下。……责难于君谓之恭，陈善闭邪谓之敬，

[1]许进雄编撰:《简明中国文字学》（修订版），北京：中华书局，2009年，第328页。

吾君不能谓之贼。(《孟子·离娄上》)

无规矩不成方圆。有了规矩，要求下级遵守相对容易，自觉遵守不容易，劝谏上级遵守就更难。孟子说“陈善闭邪谓之敬”，“敬”的获得，规矩意识的树立，的确不容易。

2. 内省习惯

“畏”是会意字。象棍杖；象死人的骷髅，就是鬼。象鬼手执棍杖，追打活人。“畏”的本义为畏惧、害怕。

鬼，不是邪恶的东西，它是人死去的祖先。《说文解字》：“鬼，人所归为鬼。”王筠《说文释例》卷二：“鬼字当是全体象形，其物为人所不见之物，圣人知鬼神之情状，故造为此形，不必分析说之。”其实圣人也不知道鬼长什么样子，都只是人们的想象罢了。

一个人做了一天的事情，到了晚上休息的时候，便会不由自主地反思。如果白天做了亏心事，半夜就会梦到鬼敲门，逝去的祖先手里拿着棍杖来追打。实际上这是人的自我反思。

自我反思，孔子称之为“内省”，孟子称之为“反求诸己”。

> 孟子曰：“爱人不亲，反其仁；治人不治，反其智；礼人不答，反其敬。行有不得者，皆反求诸己。其身正，而天下归之。《诗》云：‘永言配命，自求多福。’”（《孟子·离娄上》）
>
> 仁者如射：射者正己而后发，发而不中，不怨胜己者，反求诸己而已矣。（《孟子·公孙丑上》）

“反求诸己”是孟子为人们修养道德所揭示的一大法门。自我反省能让人回归本心而明明德。一个人能时刻自我反省，则“苟日新，日日新，又日新”，“问渠那得清如许？为有源头活水来”。

3. 廉洁作风

为政之德，清廉很重要。孟子说：

> 可以取，可以无取，取伤廉。（《孟子·离娄下》）

孟子说，可取可不取的不要取，取了有伤廉洁。正是当官不要想发财，想发财就不要去做官。

廉，从广从兼，兼亦声。小篆写作，广就是“广”，依山崖建造的房屋；就是“兼”，手持两“禾”。“廉”的本义是房子墙体四个角最下端的石头。

古人建造房子筑墙，用的是“版筑”之法。先在房子地基的四个角上，立四块石头，然后用木头两两夹住，在中间空心的地方夯泥土，这样墙就

慢慢筑好了。墙夯好之后，四个角上的四块石头就留在墙体内，这些石头就是廉。段玉裁《说文解字注》：“堂之边曰廉。”说的是“廉”的引申义。

廉石有两个特点：一是立得正，保证墙体夯得正；二是抗腐蚀，保证墙体立得久。廉石的这两个特点，对于我们今天修养为政之德，培养党员干部的廉洁作风，极具启发意义：

一个合格的党员干部，就是要像廉石那样立得正，廉洁修身，自觉提升为政之德；廉洁齐家，自觉带头树立良好家风；用自身之正，引领民众之正。

一个合格的党员干部，就是要像廉石那样，放低身架，耐得住各种诱惑的侵蚀，廉洁用权，自觉维护人民的根本利益；就是要像廉石那样经得起岁月的磨炼，不忘初心，牢记使命，廉洁从政，自觉保持人民公仆的本色；用政风之正，引领社会风气之正。

结束语

2017 年 12 月 22 日，孟子研究院敬塑亚圣像，杨海文教授为撰《孟子小传》：

孟子（前372—前289），名轲，战国邹（今山东省邹城市）人，我国著名思想家、教育家和儒家学派的杰出代表，享年84岁。

孟子是鲁国贵族孟孙氏后裔，其后家道衰微。传说孟子幼年丧父，孟母通过三迁之教，促使孟子立下学习先王之道的志向。孟子曾师从子思门人，并以“乃所愿，则学孔子”（《孟子》3·2）自许，被誉为“孔子以后一人，功不在禹下”，成为儒门亚圣。

战国时期，社会失序，民不聊生。孟子以“正人心，息邪说，距诐行，放淫辞，以承三圣”（《孟子》6·9）为己任，广收弟子，奔走列国，极力弘扬孔子学说，匡扶正道。孟子首倡性善、阐明五伦、主张仁政，构建了自身独特的思想体系，发出了“不以仁政，不能平治天下”（《孟子》7·1）和“人皆可以为尧舜”（《孟子》12·2）的时代最强音。

孟子晚年退居邹国，专心教授弟子，并与万章、公孙丑等人“序《诗》《书》，述仲尼之意”，融会贯通，综合创新，写成《孟子》七篇，后被列入《十三经注疏》《四书章句集注》，贻矩后人，流芳百世。

孟子是伟大的。但是再伟大的先哲也不可能真实地活在当下，他们只是站在历史的远方提醒今天的我们：用自己的智慧创造未来。

文化是我们民族的根，几千年的中华文化，已经逐渐塑造起我们中华民族独特的民族品格。不忘历史才能开辟未来，善于继承才能善于创新。对传统文化回望的深度和广度，影响着我们走向未来的方向、自信与耐力。

让我们记住习近平总书记在“纪念红军长征胜利80周年大会”上讲的话：

一个不记得来路的民族，是没有出路的民族。

后记

随着国内抗击新型冠状病毒肺炎疫情的根本好转，《孟子的药方》终于杀青了。

短短十几万字的稿子，用到“终于”的字眼，足以说明我是一个多么懒散的人。

按照惯例，后记里总要感谢提供指导、帮助的老师、朋友、亲人，只是这本小书的后面，不适宜列出他们的人名，就让我记在心里吧。

新型冠状病毒肺炎疫情，让人体验到了病魔的无情、生命的无常，也让人感受到了守望相助的温暖、天赋人性的可贵。

一位推迟婚礼，走向抗击疫情一线的医生不幸殉职了。网友发帖：欠您一个婚礼。是的，我们欠他一个婚礼；回望过去一百年的历史，我们欠中华传统文化一个公正；回望更远的过去，我们欠早期儒家包括孟子一个学习、认识、敬仰。

在《〈孟子〉七篇解读·滕文公篇》的录制现场，杨海文教授问："滕文公是孟子的知己，孟子是滕文公的知己。滕文公能不能成为我们的知己呢？孟子能不能成为我们的知己呢？滕文公怎么成为我们的知己，孟子怎么成为我们的知己呢？"当时的我听了，感到脸上发红、背上冒汗：作为一个生在滕文公故里，工作、生活在孟子故里的人，我很想成为孟子、滕文公的知己，只是一个没有读过几遍《孟子》的人，有什么资格呢？

今天的我有资格了吗？不敢说。好在还有时间。

殷延禄

2020 年 3 月